ひと味ちがう

地球一周の船旅

——平和の種をまきながら

木村恵子

推薦の言葉

日野原　重明

この木村恵子さん著の『ひと味ちがう 地球一周の船旅——平和の種をまきながら』を私は、ほぼ1日かけて完読しました。内容は、私の経験したことがない86日間の長期船旅の記録です。恵子さんの夫は、「幸せなら手をたたこう」の作詞者の木村利人先生です。一般に世界一周クルーズというと聞く人は、豪華船で、華やかな服装で、食事もご馳走だと思われるでしょうが、この船旅は質素で住宅に例えれば、市営住宅並だそうです。船上では、男も女も普段着で、時にフォーマルディナーやダンスもありますが、男性なら普通の背広で大丈夫で、参加者は、ほとんど日本人だそうです。

著者ご夫妻は、キャビンは奮発して最上階にしたそうですが、この船に乗れる最低費用は99万円。しかも、事前に仕事をしたり、ポスター貼りなどの宣伝をした若者は割引、もしくは無料で乗れるとのこと。このボートは別称ピース（平和）ボートとして世界平和を求めるのが主眼です。

では世界一周の船旅を楽しんで下さい。

——目次

マルセイユ
カンヌ
チビタベッキア
バルセロナ
ピレウス
クシャダズ
カサブランカ
ラスパルマス
ポートサイド
サファガ
コーチン
ダナン
シンガポール
横浜

写真・木村恵子

プロローグ

ある朝、新聞を開いたら「ピースボート85日間・世界一周の旅」という広告が目に飛び込んできました。別に声に出したわけではなかったけれど、

「これだ！」

と心の中で鐘が鳴ったのです。

「どお？」と、夫に見せたら「いいね〜」のひと言。これで決まり！

私たち夫婦の決断はいつも早いのです。

夫がついにフルタイムの仕事からリタイアするという数か月前のことでした。

その日が待ちきれなくて、自由の身になったら何をしようか、と夫婦で話すことが多くなっていました。外国旅行もいいけれど、スーツケースを持って、あちこち歩き回るのはもうごめんなので、どこか興味のある街に数か月住み込んで、新しい経験をしてみようか、それならどこがいいか……などと、世界地図を広げて考えていた矢先のことだったのです。

なんというタイミング！　時期的にもぴったりなのです。

クルーズといえば、いままで地中海、エーゲ海、バルト海と三回経験していますが、どれも外国の客船で一〜二週間の短いものばかりでした。それでも、ホテルの一室のような船室に荷物を入れれば、いながらにして次の寄港地に移動してくれるので、スーツケースを開けたり閉めたり、それを引きずって飛行場を移動する必要もなく、こんな楽な旅があるのだと、クルーズファンになっていたことも事実なのです。

若いころは、クルーズなんて老人のすることと思っていたのですが、いつの間にか旅をするなら〝クルーズが一番〟と思うようになったのは、やっぱり年をとった証拠なのでしょうか……。


夫78歳、妻67歳の地球一周の船旅――。

こう書くと、たしかにすごい老夫婦に聞こえるのですが、本人たちはせいぜい五〇代くらいにしか感じていない、〝おめでたい〟夫婦なのです。いつだったか、プールのロビーに置いてあった〝タニタ〟の体内年齢測定器に乗って測定したら、体脂肪率、ＢＭＩ、内脂肪レベル、筋肉量など、すべて標準値内で、体内年齢・夫53歳、妻44歳、という値が出てきました。これがわたしたちの精神年齢でもあるようです！

夫婦で85日間、地球一周のクルーズに行くと友人たちに話したら、さまざまな反応がありました。

「クルーズって、正装してお食事なのでしょう？　ナイフとフォークの洋食が毎食なんて考えただけでも絶対にいや。それにイヴニングドレスも持ってないし、夫もタキシードなんて着たことないし、着物だって着られないし、そんな堅苦しい生活なんて、肩が凝っちゃうじゃない、そんなの無理、無理」

「それに、船の中は英語の生活なのでしょう？　英語がわからなくてはアナウンスもわからないし、やっぱりどう考えても無理」

「亭主と85日間も顔をつき合わせて狭い空間に一日中閉じ込められるなんて、考えただけでもゾッとするし、三日ともたないと思うから絶対に無理！」

「85日間も海の上にいるなんて、退屈で死にそう〜。そんなの無理！」

という拒絶反応ばかりでした。

ところが、私たちが乗船した『ピースボート』はこれらの「無理！」をすべて解決してくれたのです。

まず、ピースボートは、いわゆる〝豪華〟客船ではありません（ピースボートさん、ごめんなさい！）。いってみれば〝中流〟客船です。以前に乗ったクルーズの豪華な船旅を思い描きながら、初めて横浜港にピースボートの見学会に行ったとき、その質素さ（？）にびっくりしたものでした。

もし、豪華客船を高級マンションにたとえるとすれば、ピースボートはせいぜい〝市営住宅〟といったところです。船内のつくりも簡素だし、乗船中のプログラムもプロのエンターテイナーがいるわけではなく、すべて手づくりです。

船内の服装はカジュアルが売り。自宅にいるのと同じように、ふだんはTシャツにGパンでいいのです。乗船中には何度か正装の〝フォーマル・ディナー〟がありましたが、それも、男性は背広にネクタイという会社にでかけるような服装でOK、女性はお友だちとコンサートやお食事に行くときのよそ行き程度で十分なのです（もちろん、それもイヤな人は、ディナーに行かないで、別の階にあるビュッフェに行けば、のんびりふだん着で食事ができます）。

たしかに、外国の豪華客船のクルーズでは、タキシードやイヴニングドレスの女性がたくさんいて華やかでしたが、ピースボートは和服（といっても、私たちのクルーズは夏だったので、浴衣の人たちもたくさんいました！）や民族衣装でもOK。だから、サリーや、モロッコの民族衣装だっていいのです。実際、いろいろな寄港地を回ったあとの、最後のフォーマル・ディナーは、まるで〝ハロウィーン〟かしらと思うほど、いろいろな衣装が見られて楽しかったです。

もちろん、こんな時でないとイヴニングなんて着る機会がないと思う方は、おもいっきりおしゃれを楽しんだらいいし、要はいつもと気分をかえて、ちょっとおしゃれを！ という程度のものなので、〝フォーマル、フォーマル〟と大騒ぎする必要は全然ないのです。

毎回のディナーが、正装してナイフとフォークの食事、なんて心配している方、『タイタニック』の見すぎです！ ピースボートの参加者はほとんどが日本人なので、シェフも日本人ですし、食事だって和食が中心なのです。朝からみそ汁、納豆、煮もの、おかゆに梅ぼし、なんていう朝ごはんが食べられるのです。もちろんナイフやフォークの食事もたまにはありますが、お箸の食事のほうが断然多いのです。

出発前は、豪華船のフルコースのディナーを思い出して、〝あれが85日間続いたらどうなるのだろう。絶対にダイエットしなくちゃ〟と固く心に決めていたのですが、初めの一日でその決意は必要ないということがわかりました。

なぜって、毎日の我が家の食卓とたいして変わらない食事だったからです。魚の煮つけや、茶わん蒸し、酢の物、まぜご飯などもあり、日本人の私たちにはおおむね満足の食事でした。そして、しっかりカロリー計算までして、毎日のメニューに記載されているという気配りです。

居住空間についていえば、たしかに船室は自宅のような広さはありませんが、なにしろ毎日盛りだくさんのプログラムで、朝から積極的に参加していれば、夜寝るときに船室に戻るくらいで、夫婦で日がな一日にらめっこしていることなど、ありえないのです。食事だって、座るテーブルは自由ですから、いやなら夫婦別々でもいいのです！　それに、もし一緒にいるのがいやなら、夫婦で違う部屋をとることもできるのです。

今回のクルーズでも、夫婦がそれぞれ別の四人部屋（当然のことながら男性、女性に分かれています）に入って、女性同士、男性同士の友情を育んでいらっしゃるご夫婦が何組もありました。

そして、参加者のほとんどが日本人なのですから、もちろん共通語は〝日本語〟です。船内新聞も、アナウンスも、プログラムも日本語が主なのです。もちろん外国人の水先案内人、外国語のクラスの教師やスタッフに外国人がたくさん乗船しているので、日本語だけではなく、アナウンスも講義も新聞もすべて英語に訳されるので、日本語がわからない人でも困らないようになっていますが……。だからちっとも「無理！」ではないのです。洗濯は四〇×六〇センチくらいの布袋に入るだけ押し込んで、一回七〇〇円で洗濯してもらえます。二人分で、週に二度くらいの頻度で出していましたが、下着からシャツ、ズボンまできれいになってくるので、便利でした（ただしアイロンはしてありません）。ドライクリーニングはないので、絹など高級品は無理ですが……。

掃除はもちろん、ホテルと同じで一日一回、部屋をきれいにしてくれるし、シーツもタオルも定期的に交換してくれます。三度の食事はもちろん、午後のお茶まであるし、とくに主婦にとっては、85日間、食事、洗濯、掃除の三点セットから完全に解放され、朝から晩まで好きなことをして暮らせる、至福の空間なのです。

ピースボートってなあに？

ピースボートに乗るといったら、「エッ？　あの捕鯨船を襲撃している、あの船?!」という人がいました。私がいかに過激な思想の持ち主だとしても、それはちょっと……。違うんじゃないですか……？　あれは「グリーンピース」ですよ！　同じピースでもこちらは「平和」の「ピース」です。

もっとひどい人は、「それって難民しか乗らないのじゃない？」ですって！

どうも「ボートピープル」を思い浮かべていらっしゃるようです。

違いますよ！　私たちが乗った船は「ピースボート」です。その名のとおり、「ピース、平和」を求めて世界を回る船なのです。

このピースボートってどんな船なのでしょう。

そもそも「ピースボート」誕生の発端は、ひょんなことから「船があったから」ということに始まったそうです。いまから三〇年以上も前の一九八二年、高校の教科書問題で、文部省が日本軍の「侵略」を「進出」と書き直させるという事件がおこり、アジア各国から強い非難の声が上がっていました。吉岡達也や辻元清美など四人の学生仲間たちは、自分たちでそれを実際に現地に行って検証したいと考えたのですが、当時はまだ一ドルが二八〇円の時代で、学生が海外に出ることはほとんど不可能に近かったのです。そんな折、ある団体が計画していたクルーズが出航三か月前にキャンセルになり、あわてた船会社から格安の一万トン級客船チャーターの話が降って湧いてきたのでした。

人数が集まれば飛行機より〝かなり安く実現できそうだ〟と意気投合して、その一万トン級の客船をチャーターして、一九八三年九月に、硫黄島、小笠原、グアム、サイパンに行くことで参加者を募りました。結果的には一五九人しか集まらなかったので、かなりの赤字になったのですが、これで、クルーズの楽しみ方を経験したのが次へのエネルギーになったのでした。

何しろ船の中はホテル、レストラン、バー、映画館、コンサートホール、クリニックなど何でもあり、まるで〝ちいさな町〟が移動しているみたいで、こんな便利で楽しい空間があることに感激したのでした。

二回目はその翌年の一九八四年に、やはり物議をかもした「南京大虐殺」（日中戦争で南京が占領された一九三七年十二月前後に南京城内外で、日本軍が中国軍の投降兵・捕虜および一般市民を大量に虐殺し、あわせて放火・略奪・強姦などの非行を加えたとされる事件）が本当にあったかどうかを実際に〝検証〟することをテーマに、中国に船を出すことにしました。趣旨に賛同したジャーナリストの本多勝一や漫画家の手塚治虫（一九二八〜一九八九）なども乗り組み、乗客も四〇〇人に増え、年齢層も5歳から70歳代後半までと幅広いものになったのです。

そして、このクルーズでは、平和問題だけでなく、その国の文化や歴史に触れることも大切と考えて、「万里の長城」などへの観光ツアーも盛り込んだプログラムにしたため、とても好評でした。

「みんなが主役で船を出す」

「過去の戦争を見つめ未来の平和を創る」

——という、ピースボートのふたつのメッセージがここで確立したのでした。以来、毎年テーマを決めてアジアに船を出していましたが、「戦争と平和」の問題はアジアだけではなく、世界の問題でもあるのだと気がつき、一回目の船を出してから七年後の一九九〇年に、ついに初めて〝地球一周〟のクルーズが実現したのでした。

その後、年に数回の「地球一周」の航海を続け、世界一八〇以上の港をめぐり、延べ四万五〇〇〇人もの人が乗船しているというのです。そして私たちが乗船した二〇一二年八月、横浜出航の「第77回ピースボート」は、〝地球50周記念〟という、記念すべき航海だったのでした。世界一周船の代名詞だった「クイーンエリザベスII」が引退するまでに行なった世界一周クルーズは25回ということですから、この時点で「ピースボート」はすでに、その倍も地球をまわっているのです。——すごいことだと思いませんか？

このような経緯をたどってできた「ピースボート」ですから、ふつうの観光だけを目的とした豪華客船のクルーズとは当然違うのがお分かりのことと思います。そして「飛鳥」や「クイーンエリザベス」のように、まず船があって、それがクルーズを企画するのではなくて、何もないところから、みんなが主役で、一緒に過去・現在の世界を見つめ、南北問題をさぐり、地球環境、開発、人権、人道支援などを現地の人たちとの交流を通して学び、肌で感じ、未来の平和を創る、という理念をもって船旅を企画し、船をチャーターして、責任者グループが責任を担うという、世にもめずらしい形態をとっているのが「ピースボート」なのです。

いままでの実績をみても、一九九九年「ハーグ平和アピール」の国際組織委員会メンバーとして参加したり、二〇〇〇年には初めてピースボート主催で「エリトリア・エチオピア和平のための市民会議」を開催し、国連の特別協議資格を取得しています。「日韓共同」で船を出したこともあるし、いつもいがみ合っているパレスチナとイスラエルの青年たちを招いて、船上で話し合いの機会をつくることもありました。こうやって書いてみると、なんだか政治的に偏ったイメージで、「こんな船乗りたくない！」と思う人もいるかもしれません。

でも、心配無用です。目指しているのは「平和な世界を！」という〝熱い思い〟だけなのです。

実際に乗ってみると、他のクルーズと同じように、たくさんの観光地を回るし、楽しい催し物がたくさんあります。船の中をのぞいてみると、水先案内人による紛争問題の話を聞いている人もあれば、廊下でダンスの練習しているグループ、デッキでキャンバスを広げて写生している人もいるし、ピアノのまわりでコーラスをしている人たちもいるのです。デッキからイルカの群れを探してジッと海を眺めている人もいるし、ギターをかかえて自分の歌に陶酔している人もいれば、ジャラジャラと朝から麻雀に興じている人がいる、といったように、同じ時間帯に、人それぞれが〝自分流〟に楽しんでいるのが実際の船上生活です。

実際に乗船してみた私の率直な印象だと、ピースボートの掲げる理想を夢見て乗船している人は、ほんの一握りの人のような気がします。

それぞれ、格安で世界一周ができるから（これが一番多いかもしれません）とか、伴侶を亡くしてさびしいからとか、退職して時間ができたからとか、それぞれの背景をもって乗り込んでいます。それでいいのです。そして、ピースボートの主催者たちは、

「お金を持っている人ばかりでなく、誰もが乗れる船にしたい」

と考えて、ひとりでも多くの人に、この世界の現実を自分の目で見てほしいという願いから、クルーズの費用をできる限り低く設定するために、スタッフの給料は「生命維持費(!)」と呼ぶほど安いのだと、本人たちの口から聞きました。とても家族を養えるような給料ではないので、スタッフがみんな若いのだそうです。

専従のスタッフが約一〇〇人で、その人たちで三、四か月ごとに一〇〇〇人もの乗客たちの船旅を運営するのですから、たいへんなことです。それを助けるために、無給の「ボランティア・スタッフ」(略して〝ボラスタ〟)の存在がピースボートの特徴といえるでしょう。もし、あなたの住む街に「ピースボートセンター」(略して〝ピーセン〟)があれば、ちょっとのぞいて見てください。その活気に圧倒されると思います。毎日たくさんの〝ボラスタ〟が〝ピーセン〟に通って、ポスター貼りや事務作業、プロジェクトの企画などに従事しています。

そして、このボラスタ活動が盛んなわけは、そのボランティアの仕事に応じて〝船賃割引〟の特典があるので、「がんばった人が、がんばった分だけ乗りやすくなる」という、双方にとって得になるシステムだからなのです。

船の中では、「水先案内人」とよばれる講師陣もボランティアなら、船内での語学クラ

SGETの先生たちもボランティア（もちろん船賃は無料ですが）なのです。ピースボートのいのちは、ボランティアの力に支えられている、といって過言ではないと思います。

どんな人が乗っているの？

クルーズの乗客といえば〝高齢者〟というイメージがつきまといますが、ピースボートの乗船者はクルーズにはめずらしく、学生や若者が多いのにびっくりしました。とくに私たちの乗った「77回」は、期間が短いのと（ふつうの地球一周は一〇〇日を超えるコースが多いのですが、これは85日間）、費用が安かったからなのかもしれません（一〇〇日を超えると最低でも一四〇万円くらいかかるのが、今回は最低料金が九九万円という低価格でした）。

私の見たところでは、77回クルーズ九〇〇人の乗客の約四割弱は一〇代、二〇代、三〇代の若者たちで、お母さんと一緒の11歳の女の子、三人の幼いお子さんを連れた家族連れや、高校生もいました。六割強が六〇代以上のリタイア組で、もと会社役員、教師、自営業、公務員、医療従事者、農業、技師、記者などなど、北は網走、南は沖縄まで、日本全国から職業も背景もさまざまな人たちの集団で、まさに社会の縮図を見るようでした。

若い人たちは、学生もいますが、就職して数年働き、その間にお金をためて乗っているという人も多かったようです。なぜ収入もない（あるいは少ない）学生や若者たちが一〇〇万円もの費用を払えるのか不思議でしたが、ピースボートの「ボラスタ制度」に助けられている人が多いようでした。

街角や居酒屋などで「ピースボート」のポスターを見たことがありませんか？

じつは、あのポスターは〝ボラスタ〟の涙と汗の結晶だということを、船に乗って初めて知りました。ピースボートのポスターを三枚どこかに貼ってもらえると、船賃が一〇〇円割引になるという制度で、ひとりで三〇〇〇枚がんばれば一〇〇万円分になり、〝無料〟で船に乗れる計算になるのです。早い人は三か月でそのノルマを達成する人もいるし（ということは、一日30枚！）、時間がかかる人は一年かけて、コツコツためて乗る人もいると聞きました。

ポスターだけでなくて、大都市の各地にある〝ピーセン〟に行ってみるとわかりますが、ダイレクトメールなどの発送やデータ入力、電話応対、通訳、翻訳などのボランティアも、仕事に応じて〝割引〟になるので（時給八〇〇円分くらいらしいです）、高齢者のボラスタもたくさんいます（ただし、30歳以上の人は、どんなに働いても乗船費用の五〇％までしか割引にならないようですが……)。〝ピーセン〟がどこの都市にでもあるわけではないので、地方からの人でボラスタになりたい人のために格安で宿泊できる〝シェアハウス〟まであると聞きました。同じ目標で頑張っている仲間が住み込んで、情報交換などしながら、楽しく共同生活をしているそうです。

何よりも、船に乗ってびっくりしたのは、リピーターがものすごく多いということでした。地球一周の航路が、その回ごとに異なり、北回りで北欧に行ったり、南回りでアフリカ大陸をまわったり、南米をまわってパタゴニアやマチュピチュ、イースター島やタヒチ、ハワイに寄港したり、南極にも行ったことがあるとか……。

このように、クルーズごとに寄港地がそれぞれ異なるので、同じ地球一周でもまったく違う世界を経験できるからなのでしょう。私が会った人の中でいちばん多かったのが13回目、その次が10回目、8回目……というように、何回もピースボートに乗船している人がじつに多いのです。値段がほかの世界一周より安いこともあるでしょうが、プログラムが充実しているのも魅力なのだと思います。実際、私も船を降りてから、その後のクルーズの案内が届くたびに、〝ああ、これも行きたい〟〝あれも行きたい〟と心が動かされっぱなしなのです。

乗客以外の乗船者としては、ピースボートのスタッフ、CC（コミュニケーション・コーディネーター）と呼ばれるボランティアの通訳たち、みんな若い人たちで、二〇代、三〇代の人たちが中心です。それに、洋上での語学校GETの先生たち（「77回」は英語、スペイン語）、カルチャースクールの社交ダンス、絵画、ピラティスなどの先生などが乗っています。そのうえ区間ごとにはたくさんの「水先案内人」と呼ばれる講師の方たちが乗り込んで、寄港地や地域についてのレクチャーや、専門の話をしてくださいます。三五〇人もの乗組員（クルー）たちは、ほとんど外国人でした。アジア、南米、東欧、アフリカなど世界の各地から乗り込んでいるクルーたちは、みんな元気で、陽気で、乗客たちと仲良しになっていました。


ピースボートには「地球大学」という学校もあります。

少人数で、洋上のゼミと寄港地での「エクスポージャー」と呼ばれる体験実地研修を組み合わせた、ピースボート独自のプログラムです。貧困、紛争、環境問題などのさまざまな問題に焦点をあてながら学び、寄港地では現地の人と交流し、さまざまな問題を、現場の視点を大切に、自分の問題として語り合う学びの場で、参加者は大学生に限らず年齢制限もありませんが、これに参加することで、在学している大学の単位取得できる大学も増えているようです。私も若かったら、ぜひ参加したいプログラムでした。

では、ご一緒に地球一周の旅へ、出発です！

横浜港出航

Vietnam

Yokohama

いざ乗船

二〇一二年八月二四日の朝、私と夫（リヒトさん）はそれぞれ自分のパソコンと洗面道具を入れたバッグを持って、お留守番を引き受けてくださったキシモト夫妻に見送られて朝の一〇時半に自宅を出ました。

横浜の大桟橋には一二時前に到着。「一二時半集合」ということだったけれど、すでに受付が始まっていて、スムーズに出国手続きができました。家族や友だちが見送りに来ている人たちは、なごり惜しそうに写真を撮ったりしていましたが、私たちは見送りもなければ、別れを惜しむ人もいないので、すぐに乗船して自分たちの客室（キャビン）へ直行しました。私たちの部屋は最上階の一〇階です（リタイア記念なので、奮発してデッキ付、バスタブ付の最上級の部屋をとったのです！）。

部屋に入ってみると、すでに一週間前に宅急便で送った九個の段ボール箱が、部屋いっぱいに並んでいました。以前に経験したクルーズは、どれも出港地がヨーロッパだったので、そこまで飛行機で飛ばなければならず、スーツケースをひとり二個までしか持っていけませんでした。ところが今回は横浜港発なので、すべて宅急便で送れて、〝手ぶら〟で乗船です。

〝九箱とは！〟と思われるかもしれませんが、内訳は、衣類。これは今回、ほとんどの寄港地が夏服でOKだったので、かさばらず済んで助かりましたが、それでもふだん着やフォーマル用、室内着、水着、パジャマなど、二人の三か月分の衣類は三、四箱になりました。その他スニーカーやハイヒール、タウンシューズやサンダル、室内履きなどの履物類。それにヨガマット、ノルディック・ウォーク用のスティック、絵の具、スケッチブック、小型の電子ピアノ、それぞれ愛用の大きな枕（もし、備え付けの枕が気に入らなかったら85日間もがまんするのはつらいと思って……）、寄港地で歩くためのリュック、飲料水用のポット、水筒、化粧品や虫よけ、薬類、日焼け止めクリーム等々。それに信じられないことですが、読書家のリヒトさんは三か月分とかいって、本を〝三箱〟も送ったのです！

これらをスーツケースなど使わず、すべて段ボール箱に詰めて送ったので、荷物をウォークインクローゼットに仕舞い込んだあとは、それをたたんでベッドの下に置けたので、スペースもとらず、正解でした。

そういえば、まだ出航前ですが、昼食は〝ご自由にどうぞ〟といわれていたので、九階のデッキにあるビュッフェのカフェテリアに行ってみました。並んでいるお料理を見ると、サラダとナスのグラタン風、ポークカツに千切りキャベツという、いかにもピースボートらしいメニューでした。それを好きなだけお皿にとり、お盆に載せて、デッキにあるテーブルに座っていただいたのですが、なんだか、学生食堂を思い出しました。

いってきま〜す！

出航前、一〇階のベランダデッキでシャンパンの乾杯、楽団の明るいライブ音楽の出航式が行なわれ、真夏の炎天下、デッキから投げられた色とりどりのテープが、何本も真っ青な空に舞っています。岸壁で見送る人とテープでつながり、

「行ってらっしゃーい」

「行ってきま〜す」

と双方から叫び合うひととき。午後三時きっかりに船は横浜港を出航しました。一〇階のキャビン客（一二室）だけが使用できる〝特別デッキ〟というのがあり、ほかのデッキは満員電車のように、別れを惜しむ人たちが重なり合って大変な騒ぎでしたが、私たちはのんびりと

シャンパンを飲みながら別れを告げることができました。

みんなが主役

夕方、全員（といっても、早組と遅組の半分ずつに分かれて）が七階にある「ブロードウェイ」という五〇〇人くらい収容できるラウンジに集合し、船内生活のオリエンテーションがありました。いよいよ九〇〇人の〝共同生活〟のはじまりです。

ピースボートは、「みんなが主役で船をつくる」をモットーにしているので、船内の企画は、私たちみんなでつくりあげていくので、この地球一周の旅が盛り上がるという話、そのために船内チームを募集中とのこと。

募集中の六つのチームは、こんな仕事です。

・企画……運動会や夏祭りなど、大型イベントの企画、実施など。
・映像……船内や寄港地で映像を撮影、編集し船内テレビ番組を作成。
・新聞局……企画や取材、デザインなど新聞が完成するまでのすべてを担当。
・ＰＡ……さまざまな企画を演出する音響・照明を担当。
・水パ……水先案内人のパートナーになって企画を一緒に創る。

・ブッカー……船内新聞のタイムテーブル面の作成を担当。

オリエンテーションが終わったあと、デッキに出てみたら、灰色にかすむ富士山に夕焼けがかかり、なんとも風情のある素敵な景色に出会いました。いよいよ日本とはお別れという気分です。

夕食は四階のメインレストランです。私たちは「早めの夕食」組なので、五時半から六時半の間にレストランに入場しなければなりません。席は決まっていなくて、毎回、到着順に一〇人掛けの丸テーブルや四人掛けの四角のテーブルに案内されます。初めてお会いする人たちと自己紹介をして、話がはずみます。今夜のメニューは、ニース風サラダ、コーンスープ、スズキのポアレ、アップルケーキ、コーヒー。おいしい食事でした。

夜は八時半から、またブロードウェイで「出航記念トークショー」です。クルーズディレクターのヒダカさんによるピースボートの歴史や、水先案内人の紹介があり、それに続いて長年ピースボートの水先案内人をしている朝日新聞記者の伊藤千尋さんの経験談など楽しいお話を聴きました。

台風14号、15号が沖縄あたりにいて、この船はまさに、その台風に向かっているせいか、船がかなり揺れていて……、でも「まだまだ、こんなものではありません」といわれて、ちょっとビビってしまいました。

ちなみに、船の揺れ方には何種類も違う言い方があることを初めて教えてもらいました。

「ピッチング」……前後上下の揺れ。これが船酔いの原因になることが多いそうです。

「ローリング」……横左右の揺れ。

「パンティング」……船底が波により揺れること。

「ヨーイング」……船首を左右に振る揺れ。

「ヒービング」……船体が上下に揺れること。

「サージング」……船体が前後に揺れること。

今回の航海では、このすべての揺れを経験した気がします。

船内新聞

船内では毎晩、「船内新聞」が発行されます。

Ａ３両面一枚の簡単なものですが、明日のプログラムのハイライトや特集記事など満載で、裏面はタイムテーブルで、その日のプログラムの時間や場所が一覧表になっているので、これを読まないと、その日のプログラムが、どこで、何をしているのか、何もわからないという、必見の新聞なのです。

インターネットは、一〇〇分間三千五〇〇円の有料で（ちょっと高めですが、電柱もない海の上なのですから、つながることだけでも驚きなので、我慢することにします）、八階のインターネットのつながる場所でしか使用できないとのこと。自分の部屋では使えないことがわかりちょっと残念。しかも、いまは電波の状況が悪くて、インターネットがつながらない状態で、つながるまでにはあと数日はかかりそうとのことです。陸との通信手段が絶たれて、なんだか島流しにあった気分……。どんなにかインターネットに依存した生活をしていたかがわかりました。

午前中には初めての避難訓練がありました。

非常ベルが鳴ってから、部屋にある救命具を着用して、指定のデッキへ向かいます。オレンジ色の救命具をつけた人たちがデッキを埋め尽くしていて、なんとも、ものものしい雰囲気になりました。

ある日の船内新聞

第77回地球一周の船旅　船内新聞　2012年10月9日（火）　47号

船内新聞

Onboard Newspaper

－本日時差調整－

10月9日24時 になりましたらお手元の時計を1時間お戻しください

日本との時差は10時間です

日の出　07：32
日の入　19：27

日の出日の入時刻は前後することがありますあらかじめご了承ください

松田美由紀 ～表現とはなにか Vol.2～

前回は、松田美由紀さんによる大衆演劇のスター早乙女太一さんを撮ったドキュメンタリー作品を上映しました。

『表現』についての後編となる今回は、松田さんの初監督作品である短編『ひかり』（主演　片岡瞳）をご覧いただき、『表現すること』について作品解説も交えながら様々な角度から質問をぶつけます。

俳優・女優を職業にするには？表現者として、松田さんが面白いと思うものは何なのか？女優として表舞台に立つときと、写真家・監督として裏方からみるときの違いは何か。人に「見られる」のはどんな感覚なのか？これまでどんな作品や人物にインスピレーションを受けてきたのか？

多角的な視点から『松田美由紀の表現』に迫ります。

■9日15時30分より
■7階前方ブロードウェイ
（ピースボート室井舞花）

水先案内人紹介 ～大西洋編～

本日（9日）は、ラスパルマスから新たにご乗船された2名の水先案内人の方々をご紹介いたします。

ぜひご参加ください。

■9日13時45分より
■7階前方ブロードウェイ
（ピースボート　恩田・ローズ）

ラスパルマスから乗船された水先案内人

<モンテゴベイまで>
ドニーシャ・プレンダーガスト（女優）
<カルタヘナまで>
ノルマ・ルシア・ベルムデス（元女性ゲリラ兵）

持続可能な海

サメとイルカの違いを知っていますか？クジラの種類の区別ができますか？海にとって最も危険はものは何でしょうか？このシリーズで、その真相が明らかになります！

このシリーズでは、様々な海洋生物や持続可能な海を作るための視点、そしてこれらを作り上げるための我々の役割を学びます。一緒に私達と海を楽しみましょう！

■9日14時30分より　■8階中央アゴラ
（ピースボート　バニア）

『持続可能な海』シリーズスケジュール
9日 シリーズの紹介　10日 サメとフカヒレの取り方
11日 クジラ等の漁業方法　12日 海鳥と海洋汚染

※時間と場所は実施日のタイムテーブル面をご確認ください。

PBV災害支援シリーズ企画②

阻止できぬ自然災害 ～映像で見る津波～

去年の東日本大震災で発生した大津波。周辺の沿岸には、昔の人々が伝承を目的に建てたであろう「〇年〇月津波発生。ここより下に家建てるべからず」といった内容の石碑がいくつも存在します。今、私たちにできることは津波の恐ろしさを子々孫々へと伝承することではないでしょうか。

■9日14時より
■8階後方バイーア
（ピースボート　鈴木隆）

トイレご利用に関するお願い

船内のトイレをご利用の際、生理用品等を流しますと他のトイレのつまりの原因となります。備え付けの紙以外を流さないよう、ご協力をお願いいたします。

（レセプション）

～言葉の壁を越えて～

ストリートチルドレンと交流

「家のような場所」。子どもたちが口を揃えて答える。空色のドアが印象的な『ベイティ』というNGOがある。『カサブランカCストリートチルドレンたちと交流』コースで私は、ここを訪れた。

両親を亡くしたり、捨てられたり。麻薬に手を出したり、性的暴行を受けたりしたストリートチルドレンを『ベイティ』は保護している。また、元の生活に戻らないように教育を行っている。

プログラムでは、子どもたちと一緒に施設の壁に桃色のペンキを塗った。ペンキまみれになりながら、自然と笑顔がこぼれた。言葉無しで、心が通じ合った。

ストリートチルドレンのイメージは『暗い』、『人間関係が上手くない』など悪かったが、実際は真逆だった。

子どもたちが、黄色いバスの窓から無邪気に手を振る。「バイバイ」。夕暮れの港で聞いたあの光景は一生忘れられない。

（新聞局　古澤孝啓）

パソコンをお持ちの方へ

ウィルスソフトがバージョン4に更新されました。AVAST・AVG・Clamxau（mac）・sxmantecの4種類です。貸し出しは8階中央ピースボートセンターまで。オープン時間はタイムテーブル面でご確認下さい。

（ピースボート事務局）

田部井さんの本が図書コーナーに！

登山家・田部井淳子さんより、著書『さわやかに山へ』と、最新作『山の単語帳』を寄付いただきましたので、8階中央図書コーナーに蔵書いたします。お部屋への持ち込みはご遠慮いただき、8階フリースペースにてお楽しみください。

（ピースボート　中村可奈子）

地球半周写真コンテスト開催！

横浜から地球一周の船旅が出発し、早半分が過ぎました。ここまでの寄港地で皆様色々な写真を撮っていると思います。

そこで「地球半周写真コンテスト」を行います！下記概要をご確認のうえ、是非ご参加ください。

あなたの一枚がコンテストを動かします。

（地球半周写真コンテスト実行委員）

テーマ～『わくわくする世界、旅、瞬間』～
【応募条件】
①77回クルーズ横浜～バルセロナ間で撮影した写真
②お１人様１作品
③過度に編集やデザインしたものは不可
【応募方法】
①作品を６階売店にてハガキサイズプリント（１枚80円）してください。（印刷費用は自己負担とさせて頂きます。）
②８階ピースボートセンター設置の応募用紙に記入し、作品と応募用紙を応募専用袋に入れ、応募用BOXへ投函してください。

同じ船に乗り合わせた、それぞれの

人生航路

「空と海を感じて地球一周や色んな人と交流が出来る、この空間が好き」そう語ってくれたのは、中国内モンゴル自治区からの留学生ワンちゃんこと王利民（ワン・リミン）さん24歳だ。

日本に来たきっかけは、高校生の時に日本の勉強をしたことだ。「発展している日本で勉強して、自分の人生感をもっと広げたい」、その一心で留学を決意した。

日本に来てからは、学校にアルバイト、日本語の勉強と忙しい毎日を送っていた。

そんなとき街で偶然地球一周のポスターを見かけた。「もっと多くの世界を見たい」と思い乗船を決意。

船内、寄港地で様々な文化、価値観に触れて人生感がさらに広がっていることを実感している。

これまで多くの人にお助けられてきた。「周りの人達に恵まれたからこそ今がある」。お世話になった人達が、これからよりよい生活を送るビジネスモデル作りの為に、毎夜地道に勉強している。

下船後、人と関わる仕事に就き「誰かを目指すわけではなく自分なりの成功を掴みたい、今までお世話になった方々に恩返しをしたい」と迷いのない言葉で語った。

（新聞局　平田泰憲）

ベトナム

Singapore *Yokohama*

Vietnam

暴風雨

この船の最初の寄港地は五日後（八月三〇日）のベトナムのダナンです。でも、船はまだ日本領域内。台風の影響か、船はかなり揺れて、地中海クルーズの経験から〝大型客船は揺れない〟と勝手に信じていた私の観念はもろくも崩れてしまいました（考えてみたら地中海は内海なのですから揺れないわけです！）。すでに、「こんなに揺れることを知っていたら、来なかったのに……」と嘆いている人もいましたし、本当に、もしこれが85日間続いたら、どうなるだろうと、暗澹たる気持ちになったことも確かです。

この揺れのなか、夜には船長主催の「フォーマル・ディナー」が開催されました。みなさんドレスアップしてのお食事会です。ロングドレスにハイヒールを履いて、優雅に……といきたいところなのですが、船がすごく揺れるので、転ばないように手すりを使い、へっぴり腰で、〝おっとと〟とか言いながら、老夫婦、手を取りあって、酔っ払いみたいに、ヨロヨロしながら歩くのがやっとでした。

メニューは、生ハムとメロン、クラムチャウダー、ステーキ、チョコレートケーキのデザート。今日は若い人たちと同じテーブルになったので、話を聞いてみると、ほとんどの人が仕事をやめて参加していて、陸に戻ったらまた就活だそうです。
この貴重な85日間の体験を〝人生の糧〟にしてほしいと祈ります。

夕食に続いて、ブロードウェイで歓迎の「ウェルカム・パーティー」。船長以下、乗組員の紹介がありました。この船には三五六人の乗組員が乗船しているそうです。そのあとは一組ずつ船長と記念撮影です。船長さん、そのたびに笑顔をつくり、ご苦労様です！スターライトでは生バンドの演奏があり、〝ダンスもどうぞ〟とのことですが、ただ歩いているだけでもダンスしているような気分なので、早々に引き上げました。

夜寝てからは、ますます台風はひどくなり、外はすごい暴風雨のようで、ヒューヒューと叫び声みたいな激しい風の音と、ハンモックに寝ているような大きな揺れ、それに部屋のあちこちでゴトン・ゴトンと何かが落ちる音がして、びっくりです。朝になって窓のカーテンを開けてみたら、すごい高波で、この部屋は最上階の一〇階なのに、ときどき波しぶきで窓の外が見えなくなってしまうくらいのすごさです。机の上に置いてあったものが、みんな床に落ちていました。

結局、二人とも起きると頭がフラフラするので、横になったままで朝食にも出ませんでした。船酔い止めの薬、「トラベルミン」はいくらでも無料で配布しているので、飲めばよかったのに……。酔ってから飲むのでは手遅れなのだそうです！

まだまだ暴風雨が続いていて、ヒューヒューと笛を吹いているようなすごい音が聞こえます。私たちのキャビンは前方から三つ目の部屋だし、最上階なので、揺れも大きいようです。

船内放送があり、朝一〇時からの水先案内人・城戸一夫さんによる「世界遺産」についてのプログラムは、講師がダウンで中止だそうです。というわけで、私たち二人も、午前中はほとんどベッドの中で過ごしました。

午後、やっとすこし気分がよくなったので、私だけレクチャーに行ってみました。水先案内人のアニメーション監督・宇井孝司さんの、「なぜアニメーション監督になったのか」というテーマで、手塚治虫との出会いなど楽しい話でしたが、ホールが人でいっぱいに埋まっているのにびっくり。元気な人は元気なのだ！　と認識した次第でした。

でも、ステージで話をしている宇井さんが途中で急に、「あ、気持ち悪くなった、ちょっと失礼」といって、中座して舞台裏に行って(吐いてきたようで)、また戻ってきたり、司会者の女性も途中で「あ、あ、あ、」とか言いながら消えたり、大さわぎです。

私たちも、やっぱり気分がすっきりしないので、夕食もパスすることにして、結局、今日は水分補給だけで、一日絶食状態でした！　少しはやせてくれるといいけれど……???

午後六時、船長の船内アナウンスによると、いま沖縄の近くにいるけれど、台風14号・15号を避けるために、かなり南下して航行しているとのことでした。夜一〇時すぎになって、「船内新聞」を見ないと明日の予定がわからないことに気がついたので、八階のピースボートセンターまで取りに行きました(ほかのクルーズだったら、船内新聞はそれぞれの部屋に配達してくれるのですが、ここはピースボート。自分で取りに行かなければ読めないのです！)。

驚いたことには、午後一〇時すぎなのに、若い人たちはまだムンムン群がってミーティングしたりしていて、にぎやかなこと！　こんなに揺れていても、元気な人は元気なんだ、とビックリしましたが、でも、よく見ると、そのまわりには、気分が悪そうにソファーに寝込んでいる人たちもたくさんいました。

揺れのためにオープンデッキにも出られず（立ち入り禁止）、この二日間はエレベーターも止まっているので、階段の昇降が大変です。私たちはこの狭い船の中で運動不足になるだろうから、エレベーターは使用しないことにしているので、影響はありませんでしたが、身体が不自由な方や、急いでいる人にはエレベーターが動かないのは大変です。

ピラティスのクラス

昨夜、真夜中に一時間時差が発生したので、日本との〝時差〟が一時間になりました。船はまだかなり揺れています。それでも少し気分がよくなったので、朝七時から、がんばってピラティス（ヨガのような整体運動）に行きました。これは乗船前に申し込んだ有料のプログラムです。リヒトさんも、こんなことは船上くらいしかできないだろう、と登録してあったので、ヨガマットを持って一緒に行きました。

受講生の大半が私と同じおばさん世代。若い女性もちらほら、男性は三人いました。インストラクターは若くてスリムでチャーミングなユリ先生。ヨガマットの上で、手足を曲げたり、呼吸法を習ったり。25回の指導できっと船を降りるころには〝スリム〟になっていることでしょう!?

そのあと、朝ご飯を久しぶりに口に入れました。パンケーキとフルーツ。戻さなかったので、今日は大丈夫そう。やっと船酔いから解放されたみたいです。バンザイ! もう八回以上ピースボートに乗っているスタッフでも、こんな揺れは初めてだったそうで、これを経験したら、もうあとは何が起こってもこわくないでしょう、と言っていました。

午後、ちょっと時間があったので、ベッドに横になったら寝てしまったらしく、GETプログラムの説明会に遅れてしまいました。GETというのは語学の有料クラスなので、私はスペイン語を申し込んでいたので、クラス分けの面接があったのです。私が申し込んだ有料のプログラムは、この「スペイン語」と「ピラティス」の二つです。やっと二人とも体調が戻ってきて、今日は三食ちゃんと食べられました。

ダナンまで乗船の水先案内人、伊藤千尋さんは八面六臂の活躍ぶりです。よくこれだけ出てくると思われるほど、次から次へと私たちを惹きつける話をしてくださいます。どんなお話しだったか、ちょっと挙げてみましょうか。

「人はなぜ旅をするのか」は、自分の体験を交えながら、自分のやりたいことをやって希望を見いだそうという話――。学生時代にキューバのサトウキビ刈り国際ボランティアに参加し、朝日新聞の内定を蹴ってジプシー調査探検隊として東欧をめぐり、再度入社試験を受けて朝日の記者になってからは七〇か国を取材し、さまざまな国々で、社会変革を見てきた。旅は、自分の命をかけてもいいと思える生き方や、人生の節目となるきっかけを探すにも最良の場である、という、青年たちの未来に希望を与える楽しい話でした。

「原発に代わる自然エネルギー」は、アイスランドをまねして、富士のふもとの自衛隊演習場に地熱発電所をつくって、大きな露天風呂をつくればいいという、奇想天外な話。

「一人の声が世界を変えた」は、世界各地での経験を踏まえた貴重な話――。チェコで二〇年間歌うことを禁じられた歌手が、会場三〇万人の前で歌った話や、アメリカや韓国、南米など、実際に自身が体験し、目撃した話なので、心にまっすぐ入ります。「ひとりでは世界を変えることはできないが、ひとりからしか世界は変わらない」という、伊藤さんの言葉に共鳴しました。

夜の八時半から一〇時すぎまでという時間帯なのに、伊藤さんの話はいつも満席。この船に乗り込んだ若者たちの多くは、自分を見つけるために航海に出た人も多いことでしょう。この85日間で、何かをつかんでくれたらうれしいことです。伊藤さんはこのほかに「歌の旅人」や「護身術」まで教えています。多方面にすごいエネルギーの持ち主です。

しあわせなら手をたたこう

午後、伊藤千尋さんの「歌の旅人」で（彼は朝日新聞のこの欄の記事を書いているそうで）、いくつかの歌を取り上げて、その歌の背景を説明して、みんなで一緒に歌いました。そして、最後に「しあわせなら手をたたこう」をとりあげて、急に指名されたリヒトさんが前に出て行って、この歌の由来の話をしました（じつは、この歌を作詞したのが、夫・「きむらりひと」なのです！）

「え〜〜ッ、あの歌をつくった人がまだ生きているのですか……？」

と驚きの声をあげた人もありました。はい、ちゃんと生きているのです！

この歌はリヒトさんの学生時代、一九五九年にＹＭＣＡの国際ワークキャンプでフィリピンのダグパン市に行ったときに生まれた歌なのです。

その当時、この地域の家にはトイレがなく、海辺が自然の排泄場になっていたのでした。そこで、現地の指導者の協力を得て、ヤシの畑に行って穴を掘り、その上に木の板を渡して床をつくり、屋根をつけてトイレ小屋をつくるというワークキャンプだったそうです。当時は、戦争が終わってからまだ14年しか経っておらず、日本に侵略され、多くの被害を受けたフィリピンの人たちは、〝日本人が来たら殺してしまえ〟と思うほど、日本人を憎んでいたのでした。

そんなことは何も知らず、ノー天気にフィリピンに行ったリヒトさんは、現地で数々の日本軍の残虐な行為の爪痕を見せられ、話を聞かされ、背筋がさむくなったそうです。そして、日本人と名乗るのが恥ずかしく感ぜられたけれども、一緒に汗をながして作業をしているうちに、フィリピンの人たちもだんだん心を開いてくれるようになりました。

あるとき、仲良くなったフィリピン人の仲間のひとりが、涙を流してこう語ってくれたのです。

「ぼくの父は日本軍に殺された。ずっと日本人を憎んできた。でも、こうやって君と一緒に仕事をして、平和のために汗をながしていたら、なんだか許せる気がして

「歌の旅人」で歌う人たち

きた。過去のことは赦して、未来に向かって、ぼくたち若者が手をとりあって、平和な世界をつくりあげる努力をしなければいけないのだ、と思えるようになった」

二人は手をとりあって、一緒に平和のために働こうと誓いあったのでした。

そのとき、寝泊りしていた小学校の校庭で、子供たちが楽しそうに歌っていたメロディーが耳に残っていました。それで、仲間たちと一緒に読んだ聖書の詩編47の「すべての民よ、手を打ち鳴らせ、神に向かって喜び歌い叫びをあげよ」という詩にヒントをもらって「しあわせなら手をたたこう」という歌詞ができあがったのでした。

初めは学生仲間で歌われていたのを、当時の歌手・坂本九ちゃんが聞いて、自分の持ち歌にしてくれたので、電波に乗ってアッという間に広がっていったのです。折しも「東京オリンピック」が開かれ、選手団の入場行進に使われたりしたので、この歌は世界にも広がっていったのでした。

枯葉剤って？

さて、私たちが乗った「オーシャンドリーム号」は横浜を出て、初めての寄港地がベトナムのダナンなので、そのためにベトナム戦争関係の水先案内人たちが四名、ダナンまで乗船しています。

ベトナムの〝枯葉剤〟被害者二世のヘザーさん（アメリカ人）。カナダで枯葉剤被害の啓蒙活動をしているカナダ人退役軍人のケネスさん。18歳のミス・ティーン・カリフォルニアのジェナさんは、彼女のお母さんが枯葉剤被害者二世で、彼女自身が三世とのこと。それに、沖縄に枯葉剤のドラム缶がたくさん残っていることを最近つき止めたジャーナリストのジョンさんです。

私たちは一九七〇年〜七二年までの二年間、当時の戦時下の南ベトナム・サイゴンに住んでいた経験があるので、枯葉剤被害の問題は身近でした。

当時、サイゴン大学で教鞭をとっていたリヒトさんでしたが、学生のひとりが、私たちの家に来て、いま、大変なことが起こっていることを、そっと教えてくれたのでした。それは、米軍が散布している枯葉剤で森林が丸裸になっていて、その近くに住んでいる人たちの間に〝奇形児〟がたくさん生まれているという事実です。そして、その枯葉剤は、川や海にも流れ込んでいて、魚介類にも影響があるというのです。

「だから、魚やエビはあまり食べない方がいいですよ」と。

そのおそろしい事実を知って、法律が専門だったリヒトさんは、自分の研究分野を〝いのち〟にかかわる価値判断や倫理問題を考える新しい学問分野の「バイオエシックス」（生命倫理）の研究に転向したほど、大きな出来事だったのです。

というわけで、ここ数日のレクチャーは「ベトナム」の課題に集中していました。

「戦後に生まれたわたしになぜ枯葉剤の影響が？」――。枯葉剤被害者二世アメリカ人、ヘザー・バウザーさんの話です。

ベトナム戦争（一九六〇〜一九七五）の最中に、アメリカ軍は、解放軍が潜んでいる森を破壊するために、空から枯葉剤を約一〇年にわたって散布し続けました。枯葉剤に含まれている「ダイオキシン」という猛毒が、遺伝子にも大きな影響を及ぼして、身体に欠陥のある赤ちゃんが生まれているということがわかったのです。その猛毒はベトナム兵だけではなく、それを散布したアメリカ兵にも影響を与えているというのです。

ヘザーさんも複数の先天性欠損を持って生まれ、片足は義足でした。生まれた時には、どうしてこんな障害をもって生まれたのか、両親もわからなかったようです。ところが、あとになってヘザーさんのお父さんが、兵士としてベトナムにいたときに枯葉剤を散布し、浴びたということがわかったのでした。

ベトナムでも枯葉剤をまかれた以降、たくさんの奇形児が生まれるようになりました。けれども、空からそれをまいたアメリカ兵の家族にも、それが影響するなど、誰が想像できたでしょうか。ベトナム戦争はもう四〇年前に終結しているのに、いまだに世界中に何百万人もの被害者が世代を超えて出ている事実をつき付けられて、戦争のおそろしさを再認識しました。

ヘザーさんは成人してから、南北統一をしたベトナムを訪れています。そこで、彼女と同じように、手の指が三本しかなかったり、片足がない子供たちに出会い、これが枯葉剤の影響だということを確信したのでした。このときの状況は『沈黙の春を生きて』というドキュメンタリー映画にもなっています。ベトナムとアメリカの二世代目の、同じような症状の被害者たちがベトナムで会い、交流するというシーンが、映像になっていました。お互いの苦しみ、葛藤を語り、それでも生きる勇気を伝えるすぐれた映画でした。

「カナダ、カエデの葉、メープルシロップ、そして化学兵器の国」――。カナダの元兵士ケネス・ヤングさんの話です。

ケネスさんは、カナダ軍が開発していた枯葉剤の被害を受け、長いあいだ入院を余儀なくされたそうです。「枯葉剤は歯磨きに使っても安全だ」といわれ、自分はベトナムではなく、カナダの基地で枯葉剤の実験をしていて被爆し、さまざまな健康被害を受けたというショッキングな話でした。

枯葉剤をベトナムで使用する前に、カナダの軍事基地で実験されていたことはほとんど知られていません。「ゲージタウン」というカナダ軍の基地で、一九五六年ごろから一九八〇年までダウ・ケミカル社が試験的に散布して、動物も蚊一匹も住まない場所に変えてしまったそうです。

兵士たちは当時、自分たちが散布した猛毒化学薬品が、世代を超えて何百万件もの病気や先天性奇形児を生む原因となることは想像だにしませんでした。カナダ政府はいまだにそのことについて検査もせず、その因果関係を認めず、保証もしてくれないので、啓蒙運動を行なっているということでした。

「ミス・ティーン・カリフォルニアが枯葉剤について語る理由」――。枯葉剤被害者の三世代目のジェナ・マックさんの感動的な話です。

ジェナさんはミス・ティーン・カリフォルニアのコンテストで優勝した、アメリカ人にしては小柄な、可愛らしいチャーミングな18歳の女の子です。彼女の母親が枯葉剤被害者二世で、生まれつき股関節疾患があったので、そのために30回も手術をくり返していました。ジェナさんが中学生のときに、お母さんがきわめて稀なガンにかかり、その治療のための注射をジェナさんが一日三回、毎日しているとのこと。彼女自身、医療救援隊員や准看護師の資格も取得しています。

「枯葉剤を浴びたのはわたしの祖父です。母は二世代被害者なのです。そして、わたし自身も影響を受けています。ミス・ティーンに応募したのは、その地位を使って、若い人たちに枯葉剤が世代を超えて影響することを知ってもらいたいと思ったからです」

と笑顔を絶やさず話す姿は、凛として説得力がありました。いまだに認められていない、第二世代被害者の補償を求めて活動しているとの、感動的なメッセージでした。

「楽園（沖縄）に眠る毒」――。イギリス人のジャーナリスト、ジョン・ミッチェルさんの話です。

うん？　何でベトナムの話なのに沖縄なの？　と思いましたが、話を聞いてびっくりしました。ジョンさんは、二年前に米軍基地が沖縄に与える環境被害の調査を行なったそうです。その結果、沖縄の飲み水の半分をまかなっている、〝やんばるの森〟に枯葉剤が散布された話を耳にしました。「除草」の目的で、基地周辺に定期的に散布されていたことも突き止めたそうです。多くの米兵たちから証言を集めましたが、米国政府は否定しているとのことです。

そして、このピースボートに乗り込む数か月前に、沖縄に五二〇万リットルもの枯葉剤が貯蔵されていることを発見したという、ショッキングなニュースなのでした。アメリカ軍もこれが「エージェントオレンジ」と呼ばれる枯葉剤であることを認めたそうです。しかも、ドラム缶が腐敗し始めて、その液が漏れだしているのだそうです。

あれだけの奇形児をいまだに生み出している、その原液が〝沖縄〟で漏れているという話を聞いて、背筋がさむくなりました。

さて、天候が回復して、デッキ封鎖も解除になり、朝は六時から、前方デッキで太極拳とラジオ体操が再開しました。なんと早朝から、デッキが一〇〇人以上の人で埋まっていました。みなさん元気なのにびっくり！　来ている人たちを観察してみると、ほとんどが高齢者組で、若者の姿はほとんど見あたりません。朝日を浴びながらの体操は、身も心も元気になります。

ところで、今朝、船長からの報告で、台風を避けるために航路をかなり南下しているので、ダナン、シンガポールの到着が一日遅れになるとのことでした。

出だしからこんなことになるとは……。

これでは、ちゃんと予定日に帰国できるのかも、わからなくなりました。シンガポールで会う約束をしているモリーンに、到着が一日遅れることを連絡したいのに、インターネットがつながらず、ヤキモキです。

デッキで朝の体操

午後のレクチャーは、水先案内人、ＵＮＤＰ（国連開発計画）で働いていた大崎麻子さんの「ミレニアム開発目標」（MDGs）の話。二〇〇〇年の国連で「ミレニアム開発目標」を定めたその背景や、現在の世界の貧困、教育、母子保健の状況など、大学の講義みたいなのに、満席でした。

それぞれ、日本にいてはとても聞けない、すばらしいレクチャーばかり。若い人たちが一生懸命、企画したり、通訳したり、司会したりしているのを見ると、やっぱりピースボートに乗ってよかったとつくづく思います。

洋上生活も六日が経ち、やっと今朝の海には白波が見えなくなり、おだやかに航行を続けています。エレベーターも動きだし、オープンデッキも開いて、ほとんど正常な状態に戻ったのはよいけれど、予定が大幅にずれて、ダナンでの滞在が数時間しかなくなり、ツアーを予定している人は駆け足の観光になりそうで、とても残念です。インターネット接続がなかなかできなくてイライラしましたが、もう一度トライしたら、やっとつながってメールが送信できたのでホッとしました。

午後には時間に余裕があったので、久しぶりにデッキに出てみました。

三六〇度ぐるりと海に囲まれ、弧を描いている水平線を見ながら、本当に地球は丸いのだと、ひとりでしばし感動しながら海を眺めていました。船酔いもおさまり、メールも送れて、船の揺れもなくなったので、やっと船旅を楽しむ余裕ができてきたようです。

午後、「航路説明会」が開かれました。

台風による進路変更のため、大幅に時間がずれて、ベトナム（ダナン）の滞在はたった三時間半くらいしかないことを知らされました。残念だけど、遅れを取り戻すためにはそうするより仕方がないとのこと、みなさんしぶしぶ納得したようです。その時間を取り戻さなければいけない最大の理由というのは、アラビア海、ソマリア沖に〝海賊〟が出没するので、大きな船は何艘か一緒に、警備艇に囲まれて運航するそうで、その集合時間に間に合わないと困るそうなのです。海賊なんて、ピーターパンのお話の中のことと思っていたのに……。本当にいるのだ！　おそろし〜い！

いよいよダナン上陸

横浜を出港してから八日目の朝、六時半ころデッキに出てみると、ぼんやり島影が見えてきて、だんだん陸地が迫ってきました。

出航して初めての上陸地、ベトナムのダナンです。

私たちは一九七〇年から二年間、南ベトナムのサイゴンに住んでいましたが、一九七五年に南北統一してからは、初めて二〇〇一年に、かつての北ベトナムを訪問しました。そのときもダナンには立ち寄らなかったので、今日、初めて足を踏み入れる街です。

天気は快晴。デッキに出ると、汗が噴き出るような湿度と温度——。なつかしいベトナムの暑さです。

ダナンではいろいろなオプショナルツアーがあって、ホイアンやダナンを観光する人、ベトナムの青年と交流する人、ここからシンガポールまでの四日間オーバーランドで、ハノイから南のホーチミンまでベトナム縦断する人、カンボジア地雷問題検証に行く人、アンコールワットに行く人など、さまざまですが、そのなかで私たちは「枯葉剤被害者センター訪問」という、地味なコースを選びました。

朝八時半ころには船が着岸するのを待ち構えていたように、ベトナム人の若者たちが七〇人くらいおそろいのブルーのシャツで歓迎のために埠頭に集まって、ダンスを披露してくれました。なかには「ソーラン節」まで入っていてびっくり！　こんな歓迎は予想していなかったので、うれしいことでした。手間取る入国手続きを船の中で待つ私たちも、デッキから拍手や声援を送りました。やっとすべての手続きが終わり下船して、私たち三〇人くらいはバスに乗り、郊外の「枯葉剤被害者センター」に向かいました。海外からの水先案内人、ヘザーさんやケネスさんたちも一緒です。

ガイドさんの説明によると、現在のベトナム人口の58％は40歳以下だそうです。ということは、人口の半分の人は戦争を体験していないことになります。そして、あのベトナム戦争を体験した大人たちも、あの醜い戦争を次世代にあまり伝えたくないと思っているそうで、それよりは、いまは経済発展に目が向いていて、戦争は遠い昔の出来事になっているとのことでした。

ベトナムの歴史をふり返れば、一一〇〇年の間、中国に征服されており、その後九八年間、フランスの植民地でした。そして、ガイドさんは私たちに気をつかってか、触れませんでしたが、第二次世界大戦中は〝日本〟が占領していたのです。

ダナンの人口は約一〇〇万人で、ハノイ、ホーチミンについで三番目の都市ですが、かつては南ベトナムに属していました。当時は最大の米軍基地があったおかげで、戦争中はそれほど被害を受けずに済んだそうです。戦争が終結したとき、北の人は〝ダナンを解放した〟といいましたが、ダナンの人は〝北に占領された〟と表現しています。南北は統一されましたが、実際はあまり仲良くないそうです。

ベトナム戦争では五五〇万人の市民が殺され、一二〇万人の兵士が戦死したそうです。米軍はジャングルだけでなく、解放軍の食糧を絶つために、農村にも枯葉剤を使い、まかれた七九〇〇万リットルの枯葉剤のうち、69%が「エージェントオレンジ」で、それに含まれていたダイオキシンによって四八〇万人の市民が被害にあっているというのです。

私たちが訪問した「枯葉剤被害者支援センター」は二〇〇四年に政府によって設立され、ピースボートを含め、多くの慈善団体の支援を受けて運営されているということです。センターは思ったよりきれいで、そこにいる子供たち五〇人くらいが、笑顔で迎えてくれました。それほど重度の障害はみられないようだったのですが、実際は耳がきこえなかったり、手が動かなかったりしているそうです。車いすの子供もいました。

このセンターでは、学校のほか、リハビリテーション、職業訓練もしているそうで、ミシンが何台も置いてあり、そこでつくられた衣類や、小さな手工芸品も展示してありました。

枯葉剤被害者センターで、食事を用意してくれた女性たち

近くの村には、本当はもっと重症の子供たちもいるのですが、その子たちはここに通えないので、まだ家で家族が看ているのが現状だそうです。枯葉剤被害の子供たちが（すでに三世になります）、歓迎のダンスをしてくれました。笑顔で踊っている子供たちですが、実際には耳がきこえないので、向かいに座った先生の指揮のもと、上手に踊っていました。

そのあとは、私たちが持っていった折り紙やけん玉、あや取りなどで一緒に遊んだりしましたが、みんな笑顔の絶えない、人なつっこい、かわいい子供たちばかりでした。センターが、おいしいベトナム料理のランチを用意してくださり、春巻き、豚肉の煮物、春雨サラダ、高菜のスープ、カレー風の野菜など、食べきれないほど盛りだくさんのごちそうにみんな感激でした。

短い滞在で、街に行って買い物したり、観光したりという時間はまったくなかったけれど、ベトナムに立ち寄り、四〇年以上前の枯葉剤で、いまだに被害を受けている人たちがたくさんいることがわかり、実証できたことは意味のある滞在になりました。

ダナンで水先案内人の伊藤さん、ジェナさん、ヘザーさん、ジョンさん、ケネスさんなどが下船しました。

シンガポール

India *Vietnam*

Singapore

インド洋？ でひと泳ぎ

心地よい風に吹かれながらデッキでの朝食――。海を見ながら、朝日を浴びていただく洋食風ビュッフェの朝食は、格別おいしいです。今日は元小学校の校長先生や、元教育委員会の人たちと一緒になり、教育談義をしながらの朝食でした。

九階デッキにあるプールを見に行ったら、泳いでいる人がひとりいたので、私も水着に着替えて入ってみました。プールの水は海水で、水温も海と同じらしく、今日は〝33度〟と書いてあったから、冷たくはありませんでした。いまはインド洋を航海中だから、海水はインド洋の海水ということになるので、これから地球一周しているあいだ、いつもプールで泳げば、世界の〝七つの海〟で泳いだことになるかもしれません！

プールの水は、船の揺れに合わせて一メートル以上波があるのでまっすぐ泳げないし、泳いでも波に乗って壁にぶつかりそうで危ないので、早々にひきあげ、水着のまま一一階のデッキにあるジャクジーに行って、先客のおじさんたち二人とおしゃべりしながら、しばらく体をあたためました。ここも、置いてあるデッキチェアが動いてしまうほどのすごい風でした。

ダナンの「枯葉剤被害者センター」を訪問したグループで報告会をして、枯葉剤被害者センターのために〝募金をしましょう〟ということになったので、夜は賛同者が一〇名ほど集まってそのための準備会をしました。私がリーダーになってしまいました。

船上生活も一〇日目にもなると、船での生活のテンポに慣れてきて、海を眺めながら、やっと航海を楽しむ余裕ができてきました。

この船には五〇〇人くらい収容できる「ブロードウェイ」、二〇〇人くらいの「スターライト」、一〇〇人くらいの「バイーア」と三つのラウンジがあって、そのほかに小さな集会場があり、同時間帯にそれらの場所で並行していろいろプログラムをやっているので、毎日「船内新聞」を見ながら〝何をしようか〟と選ぶのに忙しいです。

たとえば、午前一〇時からのスケジュール表を見ると、ブロードウェイでは世界遺産の話、スターライトでは社交ダンスのレッスン、バイーアでは絵画教室が開かれているという具合です。ピースボートの企画もあるし、乗船者の自主企画もあるので、朝の六時から夜の一〇時まで、プログラムが目白押しにいっぱい詰まっています。

この船には、福島大学の災害復興研究所から、二人の女子大生が乗船していて「福島

ある日のスケジュール表

77th Peace Boat Global Voyage

メインレストラン（4階中央）

- 朝食（ビュッフェ） 7:00〜9:00
- 昼食（ビュッフェ） 11:30〜13:30
- 夕食 コース
- 早めのご夕食 レストランカード 緑色の方 ［入場］ 17:30〜18:30
- 遅めのご夕食 レストランカード 橙色の方 ［入場］ 19:30〜20:30

ビュッフェレストラン（9階後方）

- モーニングコーヒー 6:30〜7:00
- 朝食（ビュッフェ） 7:00〜9:00
- 昼食（ビュッフェ） 11:30〜13:30
- アフタヌーンティー 15:00〜16:00
- 夕食（ビュッフェ） 17:30〜19:30
- 居酒屋 波 洋上居酒屋「波へい」 17:30〜翌2:00 （ラストオーダー 翌1:30） ※IDカードをお持ちください。

ブロードウェイ〔ラウンジ〕 アロハデッキ（7階）前方

- 洋上シネマ 8:20〜10:00 (P)吉田將人 本日は、中南米の映画です。上映作品は5階レセプション前、8階ピースボートセンター前にてご確認ください。
- 黄色組集まれ! 10:15〜11:15 (P)運動会黄色組 いよいよ練習第一回目です！ 1,8,9月の皆様は全員お集まりください。
- 哲学余話：クリストバル・コロン 11:30〜12:45 (自)遠山義孝 コロン(通称コロンブス)の"新"大陸発見と「アメリカ」という名前の誕生。
- 水先案内人紹介 〜大西洋編〜 13:45〜14:30 (P)恩田・ローズ ラスパルマスから乗船してきた2名の方を紹介いたします！ ▼詳細は新聞記事をご覧ください
- 松田美由紀 〜表現とはなにかvol.2〜 15:30〜17:00 （水）松田美由紀 松田さん監督作品を上映します。 ▼詳細は新聞記事をご覧ください
- 5009の友達集まれ 18:00〜19:00 (自)レツ、教授、タロケン、レン 日頃の感謝について語ります。
- ハイスタ自主練 19:30〜20:45 (自)セブン、ゴウ 「AngryFist」の曲中心のセッション。
- CLOSED 21:00〜22:00

スターライト〔ラウンジ〕 プロムナードデッキ（8階）前方

- 〜洋上カルチャースクール〜 ビューティーBODYメイク 7:00〜8:00 (カ)横田ゆり 寄港地疲れの体をゆっくりほぐしましょう。有料ピラティスの方対象のレッスンです。
- 〜洋上カルチャースクール〜 水彩画教室 8:45〜10:15 (カ)亀崎敦郎 今日からしばらく朝早い時間が続きますが皆さん来てください!!
- 青組集まれ! 10:15〜11:15 (P)運動会青組 2,6,12月生まれの方、運動会の詳細決めます。来てください。
- Open GET 英語初級 11:30〜12:10 (G)GET どなたでもご参加いただけます。
- Open GET スペイン語初級 12:20〜13:00 (G)GET どなたでもご参加いただけます。
- 〜洋上カルチャースクール〜 社交ダンス 14:00〜15:00 (カ)南部和子 今夜はパーティー＆ディナーがあるので気合いを入れてレッスンしましょう！
- KUNIの練習会 15:00〜17:00 (自)KUNI 社交ダンスの練習会。
- 大撮影大会 〜アイドル養成講座〜 23:10〜23:30 (自)前田ブイ子 とっておきの一枚を撮りましょう。ドレスアップでお越しください。見学可。

バイーア〔ラウンジ〕 プロムナードデッキ（8階）後方

- CLOSED 7:45〜8:30
- 写真でビデオ日記を作ろう （左舷側） 8:30〜10:00 (自)原口福次 ビデオの顔タイトル作りを続けます。頑張りましょう。
- 聖書と賛美歌に親しむ集い （右舷側） 9:00〜10:00 (自)石井百合子 聖書と賛美歌にふれてみませんか。
- 白組集まれ! 10:15〜11:15 (P)運動会白組 3,5,10月生まれの方、皆で運動会を作り上げていきましょう。
- Open GET 英語中級 11:30〜12:10 (G)GET どなたでもご参加いただけます。
- PBV災害支援シリーズ企画② 阻止できぬ自然災害 〜映像で観る津波〜 14:00〜14:45 (P)鈴木隆 ▼詳細は新聞記事をご覧ください
- みんなde samba 2011 （中央） 15:15〜17:00 (自)Banjiのんちん みんな上手になってきましたね。カンシン、カンシン。
- 手造りカードケース(革工芸) （右舷側） 15:15〜17:15 (自)山下捷二 ブックカバーご希望の方は材料の都合により10名様限定と致します。
- 社交ダンス(フリー) 20:00〜21:20 (自)HANA 自由に楽しく、踊りましょう！

アゴラ プロムナードデッキ（8階）中央

- CLOSED 9:00〜10:00
- 美しい日本の歌 こころの風景 10:00〜11:00 (自)中澤暉 みんなで歌いましょう!
- Open GET 英語上級 11:30〜12:10 (G)GET どなたでもご参加いただけます。
- 自主企画申請ひろば 12:50〜13:30 (P)ピースボート事務局 今日は、10月11日の自主企画を募集します。※申請時間は13時から15分の間です。
- 持続可能な海 Part1 14:30〜15:30 (P)バニア・リンカン 今、私達は海の上を旅しています。海の下で何が起こっているか学びましょう。 ▼詳細は新聞記事をご覧ください
- PAミーティング 22:15〜23:00 (P)鈴木隆・堀口恵

今夜はパーティ&ディナー!
▼詳細は新聞記事をご覧ください

- 社交ダンスパーティー 〜 Shall we ダンス? 〜 18:30〜21:00 (P)ピースボート事務局 フリースペースが社交ダンスパーティー会場に大変身。バンド生演奏に合わせて、ダンスをお楽しみください。 ※19:30〜20:00の間はCDでの演奏となります。 場所：プロムナードデッキ(8階)中央フリースペース
- Cafe Latino Salsa Party!! 21:00〜23:00 (G)ステファニー・ブラッドリー シリーズ最終回は、ドレスアップしてサルサパーティーです! 場所：プロムナードデッキ（8階）前方 スターライト〔ラウンジ〕
- 写真撮影コーナー 18:30〜21:00 ※カメラはご持参ください。※撮影は各自でお願いします。 場所：プロムナードデッキ（8階）中央フリースペース (P)ピースボート事務局

本日(9日)は、パーティー＆ディナーの日です。スーツや、これまでの寄港地で購入した民族衣装などで、思い思いのおしゃれをして楽しみましょう。

本日時差調整：本日(9日)24時になりましたら、お手元の時計を1時間お戻しください

▼印は、新聞表面に関連記事が記載されている企画です。ご参照ください。　（水）=水先案内人企画

＜船内施設OPEN時間＞	●売店(6階中央)9:00〜12:00/14:00〜18:00	●診療室(4階前方) 9:30〜11:30/14:00〜16:00	●美
※L/C：ラストチェックイン	●マッサージルームアママ(10階中央)9:00〜12:00/15:00〜19:00		●ピ
＜バーOPEN時間＞	●スターライト(8階前方)21:00〜23:00(L/O22:30)	●カサブランカ(8階中央)8:00〜24:00(L/O 23:30)	●ピ
※L/O：ラストオーダー	●バイーア(8階後方)19:00〜翌3:00(L/O翌2:30)	●パノラマ(9階後方)11:00〜17:30(L/O17:00)	●リド

船内新聞（裏面）
ⓒピースボート

ユースプロジェクト」という企画を立ち上げています。船内では、原発事故に対する「脱・無関心」の勉強会を開いたり、各寄港地では、その国の人たちに3・11についてのアンケートをとったりするそうです。

夜は、ブロードウェイでベリーダンスのショーがありました。

ダンサーは、ダナンから乗船してきた水先案内人のYOSHIEさん。日本人だけれど、国籍不明なエキゾチックな顔つきで、なかなかの迫力でした。男性のなかには、好奇心はあって見たいけれど直視できないで、下を向きながらこっそり見ている(!?)人もいました。やっぱり、ベリーダンスというのは、衣装もかなり露出しているし、踊りも腰をくねらせたり強く細かく振ったり、かなりセクシーなダンスで、私でもちょっと引いて見ているところがありましたから、日本人男性には過激すぎるのでしょう。

彼女のダンスが終ると、観客の何人かが舞台に引っ張り出されて、振りを教えてもらいながら、彼女をまねして踊っていました。彼女はトルコまで乗船するので、集中ワークショップがあるそうです。

これはどうしようかな?

船の上だからできるということもあるけれど、ちょっと迷っています……。

多文化の街

予定より丸一日遅れてシンガポールに到着して、朝九時すぎには下船できました。シンガポールは、太平洋戦争中に旧日本軍の侵略を受けた国なので、観光だけでなく、それを検証するため「昭南島の歴史を学ぶ」というようなツアーも用意されています。ここから、次の寄港地インドのコーチンまで、空路インドにわたり、タージマハルやジャイプールなどを訪問するオーバーランドツアーもありますが、私たちは、そのどのツアーにも入らず、自由行動でシンガポール人の友人と会うことになっています。

このあいだまで駐日シンガポール大使夫人をしていて、帰国したばかりのモリーンが、わざわざ港まで車で迎えに来てくれて、自ら運転して（東京にいたときには運転手付きだったのに！）街のあちこちを案内してくれました。まだ出来たばっかりの（二年前に来たときにはまだ工事中だった）Marina Bay Sandsという（四五階だったかな?）、屋上が船の形をしたスカイパークにも連れて行ってもらいました。屋上の半分がプールになっていて、屋上からは眼下の景色を見ながら泳げてすごいです（もちろん今日は泳ぎませんでしたけど）。シンガポールの街中が見わたせて、しかも快晴だったので、気持ちよかったです。

そのあとは、野菜、果物、魚などが並ぶ市場に行って、マンゴスチンやランブータンなどのトロピカル果物をたくさん買って、〝船で食べてね〟といって持たせてくれました。それから、世界中どこに行っても存在する中華街に連れて行ってもらい、友だちがシェフをしているというレストランに連れて行っていただき、中華料理をフレンチ風にアレンジした、見た目にもきれいな、そして超おいしい中華料理のコースをごちそうになり、感動でした。

彼女はシンガポールでは一番多い（74％）中国系のシンガポール人ですが、ほかにマレー人（14％）、インド人（９％）、その他ユーラシアンなどが（３％）、そしてその他ヨーロッパ、中国、日本などの外国人も多く住んでいます。だから街を歩いていると、さまざまな人種が、さまざまな言葉を話していて、まさに人種ルツボともいえる、とても興味ある国です。

「リトルインディア」と呼ばれているインド街に行ったときなど、インドのヒンドゥー教寺院はあるし、人々のサリーやパンジャビドレスなどの服装、街に流れる音楽、香り、話している言葉、すべてがインドで、まるでインドにいるのか錯覚を起こすほどでした。

ただ、ひとつだけインドと決定的に違ったのは、〝街にゴミがない〟ということでした（インドに行ったことがある人なら記憶にあると思いますが、インドのどの街も所かまわずゴミの山でした）。どうして、シンガポールの街が、これほど、ゴミひとつなくきれいなのかといえば、それは、「ポイ捨て禁止」の法律があって、違反すれば一〇〇〇ドル（約八万円）もの罰金という厳しさなのです。チューインガムは国内に持ち込み禁止、地下鉄の中で、飲食したら五〇〇ドル（約四万円）の罰金です。この暑い国でメトロに乗って、のどが渇いたからとペットボトルの水を飲んだら罰金なのです。すごい国ですね。どうりでゴミひとつない国なのです。これは、シンガポールという国が、淡路島と同じサイズの超小国だからできるのでしょう。

公用語は、英語、マレー語、中国語（マンダリン）、タミル語が平等に扱われていて、学校でも各民族が、英語と一緒に必須科目として教えられているそうです。街中で私が耳にした言葉は、英語らしいのですが、どうしても聞き取れません。モリーンによれば、「シングリッシュ」（シンガポール英語）と呼ばれている言語で、英語にマレー語や中国語などが混じった言葉なのだそうです。

彼女の自宅にも連れて行ってくれました。シンガポールは狭い土地なので住人の85％は高層アパートに住んでいるとのことですが、彼女の家は一等地の大邸宅で、美術品に囲まれた、まるで美術館のようなお宅でした。大使が在任中に日本で大けがをされ、まだリハビリ中で車いすも使っているので、そのために家を大改造している最中で、日本からの引越し荷物もまだ四〇〇個梱包したままになっていると嘆いていました。

多忙のなか、一日フルアテンドしてくださって感謝でした。——というわけで、とても貴重なシンガポールの滞在ができました。

インド

Egypt *Singapore*

India

リフレッシュデー

今日は「リフレッシュデー」といって船の中はいっさいの企画はなく、静かな一日です。

昨夜、早く寝たせいで、朝五時すぎに目が覚めてしまったので、久しぶりに日の出を見ようと起きだして、甲板でノルディック・ウォークをしました。まだ日の出前なのであたりは暗かったけど、デッキでは、五人くらい黙々とウォーキングしていている人がいました。海に向かって詩吟の練習をしている人、暗闇で社交ダンスの練習をしている人、じっと海を見つめて日の出を待っている人、月や星の解説をしている人など、けっこう、暗い中にも人影がありました。デッキを二〇周、三〇～四〇分くらい歩いて、いい汗をかきました。

でも、残念ながら今日は曇り空で、期待した日の出は見られませんでした。

久しぶりに時間ができたので、インターネットに接続してメールの返事をしたり、子供たちにニュースを送ったりできました。

今夜は、四階のメインレストランのメニューは、エビフライとメンチカツだったのです

ノルディック・ウォーク

が、九階のデッキのビュッフェのメニューはカレーでした。カレー大好き人間のリヒトさんは、ちゃんと下のレストランで一人前食べてから、九階のビュッフェに立ち寄って、「デザートにカレーが食べたい！」といって、二食目を食べていました。若い人たちはよくやっているみたいだけど、78歳の紳士がやることではありませんよね!?

そろそろ航海が始まって二週間。ちょっと疲れが出始めたのか、六時半まで目が覚めませんでした。八時半からGETのスペイン語のクラスが開始しました。クラスメートは五人で、元大学教授（哲学）のヨシさん、元商社マンのツネちゃん、元中学校長のキミコさん、それにラテン音楽大好きな女性モナさんと私ケイコさんの五人です（船の中ではニックネームで呼び合っています）。みんな程度の差はあるけれど、少しはスペイン語を勉強したことがある人たちばかりのクラスです。

先生はまだ二〇代半ばの、プエルトリコ出身のタミ先生。私がプエルトリコに行ったことがあるといったら、大喜びしてくれました（じつは、私たちにはスペイン生まれ、プエルトリコ育ちの〈義理の〉息子がいるのです！）。クラスといっても、ま、お遊びみたいのもので会話中心。バルセロナに着くまでには、少しは耳に慣れるといいと思う程度で、とてもお勉強とはいえないけれど、楽しい時間です。船内にはＧＥＴ専用の小さな教室がたくさんあって、同時にたくさんのクラスが行なわれています。

スペイン語クラスメート

そのあと、一〇時半からは新しくシンガポールから乗船した水先案内人の紹介のプログラムがありました。社会学者の宮台真司さん。インド人のファッションデザイナーのウマ・プラバジャパティさん、ヒップホップのＫダブシャインさん（この人、れっきとした日本人でした！）。

夜は、スターライトラウンジで、私たちダナン「枯葉剤被害者支援センター」に行ったグループの報告会をしました。

ベトナム戦争が一九七五年に終結してから四半世紀が経過しているのに、米軍が兵器として散布した枯葉剤は、直接の被害者だけではなく、世代を超えて影響を及ぼして、多くの人を苦しめている現実を、ツアー参加者がそれぞれ分担して語りました。障害を持った子供たちと、どう接すればいいのか不安だった参加者も、子供たちのエネルギーに感激した感想なども聞かれました。「福島大学ユースプロジェクト」の二人も、枯葉剤が世代を超えて今もなお、人々を苦しめている現実を見て、もしかしたら福島の原発の被害も同じようなことが起こるのではないかという危惧を語り、だから、「いま声を上げなければいけないのだ」と、決意を表明しました。

同行したピースボート専属のカメラマンが撮った画像を背景に映したので、想像以上に良くできてホッとしました。七〇人くらいの方が聞きに来てくださり、センターへの寄付金も一〇万円くらい集まりました。よかった、よかった。

というわけで、今日も盛りだくさんで疲れましたが、今夜も時差発生で、時計を一時間戻せるので、一時間余分に眠れるのでうれしいです。

さて、今日の午後のレクチャーは水先案内人のインド人、ウマさんの、「小さな一歩で大きな変化を、いいえビニール袋はいりません」という話です。彼女はオーガニックコットンや、リサイクルによるアクセサリーを扱うファッションスタジオを立ち上げた社会企業家だそうです。環境破壊や自然災害が、インドのゴミ問題に端を発していることを知ってもらいたいと、「エコバックプロジェクト」を始めました。

インドでみかけるゴミの山のほとんどがビニール袋。分解できないビニール袋がさまざまな社会問題を引き起こしていることを話し、エコバックのプロジェクトは農村部の婦人たちに職の提供をする役割も担っていて、そのためにバッグひとつでも持続可能な社会のためになるのです、と、私たちにとっても身近な警鐘でした。講座のあとにはウマさんがデザイン、作成したエコバックのファッションショーが開かれ、モデルになった人がエコバックを持って歩き、喝采をあびていました。

そのあとには「航路説明会」が開かれ、インド・コーチンまでの航路と、インドのあとのアラビア海の話がありました。

ソマリア沖に海賊が出るおそれがあるので、インドを出たあと一週間は、夜は電気を消して走行するそうで、部屋もカーテンを閉めるように言われました。ちゃんと警備艇に付き添ってもらって行くようです。なんだか恐ろしい……。

夜はブロードウェイで「芸達者祭」が開催されました。その名のとおり、予選を通過した一一組の芸達者さんたち、一人ＡＫＢダンス、日本舞踊「黒田節」、夫婦でタンゴなど三種のダンス、ボールを四つ操るジョグリング、アルトサックスの演奏、合気道のデモンストレーション、モノマネ、手品、パントマイムなどの芸を披露しました。みんなユーモアたっぷりで、楽しいプログラムでした。

審査員の一人いわく。

「なんだか昭和がよみがえってきたみたいな芸」……。確かにそんな感じでもありました。でも、自分たちの仲間が一生懸命やっていると、応援したくなり、舞台と客席が一体となった和やかなイベントでした。

今朝のインド洋はかなり波が高くて、船が揺れています。めずらしく外は雨、明日インドのコーチンに着く予定なので、雨が上がってほしいです。夜は「インディアンナイト」――。持っている人はサリーを着て、ヘナのタトゥーコーナーなどもあり、香を焚き、インドの音楽が流れ、到着前に気分はもう〝インド〟でした。

農村の暮らし体験

今日、お昼にインドのケーララ州、コーチンに着岸しました。

ケーララ州という名前はあまり耳にしないと思いますが、南インドの州の一つで、インド洋に臨み、南にはモルディブの島々が、海の中に浮かんでいるという位置にあります。

出発以来、台風のあおりで丸一日、日程がずれていたのですが、今日で取り戻して（半日スケジュールがずれましたが）、やっと明日からは予定どおりの日程に戻ります。

私が参加したオプショナルツアーは「南インドの農村のくらし体験」というものです。港からバスに乗ってＮＧＯの「ＫＳＳＰ」（ケーララ民衆科学運動）の本部を訪ねました。インド全体の識字率は60％なのに、ケーララ州は95％といわれているのは、このＫＳＳＰの働きによるものだそうです。そのセンターは、バスで一時間くらいの郊外にあるのですが、街の中で交通渋滞にでくわして、一時間くらい動けない状態だったので、二時間くらいバスの中にいるはめになりました。

なにしろ、ここの交通事情はメチャクチャで、早い者勝ちという感じ。見ていると、

〝がむしゃらに頭突っ込んだほうが勝ち!〟で、どちらも譲らないので、クラクションを鳴らし合い、交通が停滞してしまうのです。

やっと到着した会場は小さな体育館のようなところでしたが、たくさんの子供たちが、あったかい笑顔で迎えてくれました。ココナッツの実をひとり一つずつ用意してくれていたので、両手で抱えるほどのその大きな実の穴にストローをさして、中のジュースを飲みました。ちょっとくせがある味だけれど、渇いたのどにとてもおいしく感じられました。

ココナッツジュースでのどを潤して

このKSSPの活動について話を聞きました。

――活動は多岐にわたっていますが、たとえば、家庭のゴミや排泄物からバイオガスを発生させて火を起こす装置をつくり、女性が遠くまで薪を拾いに行かなくて済むようになったこと、雨水を貯水して生活用水に使っていることなどなど……。ココナッツを育て、その実を火でいぶして石鹸をつくり、ジュースは飲料に、加工して残った部分は家畜のエサに、皮は乾燥させて木炭に、というように、すべてムダがないように工夫されていることを知り、感動しました。

とても貧しそうな家々なのに、私たち四、五人ずつに分かれたグループを各家庭に招いてくれました。いまにも倒れそうなほっ建て小屋で、家具もほとんどない狭い部屋の中に私たちを導き入れてくれて、お母さんとおばあちゃんが私たちに飲み物を振るまってくれました。きっとこの家にしては、最大のもてなしをしてくださったのでしょう。でも本当に申し訳ないことなのだけれど、笑顔で「ダンニャワード」(ヒンドゥー語で〝ありがとう〟)といいながら、コップを口まで持って行きましたが、飲むまねしかできませんでした。これを飲んだらてきめんに、おなかをこわしそうだったのです。

子供たちがインドの歌を歌ってくれて、こちらが「ふるさと」を歌い、持ってきた折り紙を一緒に折り、写真を撮って交流をしました。人なつっこい子供たちで、笑顔がかわいいです。粗末な家だったけれど、そんなことちっとも気にしない様子で、家族中で歓迎してくれて、うれしかったです。

そのあとまた皆で講堂に集まると、そこには、おいしいカレーの食事が用意されていました。それをインド人と同じように、スプーンやフォークを使わずに右手の指で食べて、インドを味わいました。そして、そのお礼に、ピースボートのみんなで「しあわせなら手をたたこう!」を歌って、みんなに喜んでもらいました。リヒトさんが指導しました。最後は日本人もインド人も混じりあって、インドの音楽に合わせて、みんな手を振りあげたり飛び跳ねたりしながら踊って、叫んで、興奮状態——。というわけで、たのしい、インドの一日をすごすことができました。

船に戻ったのが午後一〇時。帰船リミットは二三時だったので、すべり込みセーフ!でした。

エジプト

Turkey *India*

Egypt

アラブの春

朝から雨。朝食は今までずっと一〇階の部屋から近い九階デッキですませていたのですが、はじめて四階のレストランに行ってみました。サラダのほかに和食のメニュー、高野豆腐とか野菜の煮もの、切り干し大根、お味噌汁、納豆、ごはん、おかゆなどがあることを発見！　うれしかったです。まだ日本を出てから二週間なのに、もう和食が恋しくなっています。日本の船でよかった！

九階のプールデッキに行ってみたら、ここはまわりが透明なプラスチックで囲まれているのですが、なんとそこを全部黒い幕やダンボールで覆いをしていて、なんとも、もののしい感じ。海賊対策なのだそうです！

リヒトさんは、ぽっつり、「戦争中の灯火管制を思い出すな」といっていました。

今朝はまた避難訓練がありました。海賊対策の避難訓練だそうで、「ブラボータンゴ」のアナウンスのあと五回警笛がなったら、急いで自分の部屋に戻って、カーテンを閉めて、窓から離れて待機するというもの。三〇分で終わりました。ブラボータンゴなんて、避難訓練にはそぐわない合言葉で、ちょっとおかしかったです。

午後のレクチャーは、コーチン（インド）から乗船した水先案内人のヤスナ・バスティッチさん。彼女はサラエボ出身ですが内戦のため、一九九四年から〝戦争難民〟としてスイスに移住した、フリーランスのジャーナリストの女性です。タイトルは、「革命の種はどのようにしてエジプトに植え付けられたのか」。――二〇一一年一月二六日のカイロで行なわれた一〇〇万人のデモは、エジプトで三〇年続いたムバラク政権打倒を要求する革命となり、「アラブの春」と呼ばれました。

インターネットの普及で、フェイスブックやツイッターで呼びかけ、「ソーシャルメディアが革命を起こした」といわれましたが、一〇〇万人もの人がタハリール広場を埋め尽くし、非暴力を貫く方法で、独裁政権を崩壊させる原動力になったという、興味ぶかい話でした。中東の専門家ですら予期しなかった「エジプト革命」ですが、じつは、周到な準備が二年前から進められていて、人々を統一させるスローガンを考え、デモを計画し、呼びかけた結果なのだそうです。

それは「Six of April」（四月六日）と呼ばれる二〇〇八年に設立された一〇代、二〇代の若者のグループで、〝四月六日にストライキをしよう〟と、ブログやツイッター、フェイスブックなどで呼びかけたので、こうした名前がついたようです。彼らはセルビアのベオグラードに行き、非暴力のストライキについてトレーニングを受け、それを実行したのでした。

スローガンは「ムバラク大統領退陣」の一本にしぼり、非暴力をとおしました。女性の参加者が多いのも初めてのことでした。決して闘争的にならず、デモで出たゴミを拾い、警備の警官にはケーキや花を渡し、平和的に進めたそうです。それが多くの共感を呼び、ついには一〇〇万人のデモに広がっていったというのです。

ヤスナさんは、現地の若者たちの中に入り込み、ていねいに取材をしているので、彼女の話は臨場感があり、革命の裏舞台を見せてもらった気分でした。でも、この「アラブの春」がいつまで続くのか、「それは予断が許されない」と最後にいった、彼女のひと言が、ずっと私の胸につっかえていました。

外に面した囲いにはすべて黒い幕が張られ、私たちの部屋もカーテンを開けないようにというお達しです。まさに非常態勢という感じ！　本当に海賊なの？　と思うけれど、もう少し先に行くと、何隻かまとまって、自衛艦の護衛がついて一緒に走行するそうです！

なんだか急にものものしい雰囲気になってきました。

インド・コーチンから八日間、また海の上です。この期間を利用して、コーチンで船を下りて、アフリカのケニアに飛行機で行き、またエジプトで合流するという「ケニア・ワイルド・サファリとエジプト11日」というオーバーランドツアーもあって、アフリカの旅を楽しんでいる人もいます。でも私たちは、オーバーランドツアーにはいっさい参加しないで、ひたすら海の広さを〝からだ〟で感じたいと思って、船に乗り続けています。

洋上夏祭り

「洋上夏祭り」と銘打って、船の上でのお祭りがありました。

この船には祭り好きの若い人たちがたくさん乗っているので、彼らのエネルギーが満ち満ちた、盛りだくさんのプログラムでした。真っ青な空に、碧い海、ギラギラ輝く太陽のもと、豆ちょうちんをデッキ全体につるし、かき氷や、綿菓子、たこやき、やきそばなどの屋台もオープン、すっかりお祭り気分になりました。和太鼓も四台くらいあるし、持っている人はみんな、浴衣やハッピ、甚平さんなどを着て集まったので、ここがインド洋に浮かぶ船の上かしらと思えるほど、お祭り気分満点です。海賊もびっくり!?

このように、日本の文化をみんなで共有できるところが、ピースボートがほかのクルーズとは違うところだと思います。外国船ではこうはいきません……。

祭りの第一部は、九階デッキで、若者たちの元気のよい迫力ある「ソーラン節」のダンスで始まりました。そして、手製の張りぼてのオーシャンドリーム号のおみこしまで登場です。おみこしを一〇人くらいの人が担いで、ワッショイ、ワッショイ。これは年配の人たちも加わって、デッキを練り歩きました。そのあとはウォーターボーイズとガールズのダンス。おそろいの衣装で、女の子は白いブラウスに赤のチェックの短いスカート。女の子はＡＫＢのような可愛らしいダンス、男の子たちは水着で元気よく叫び、短時間なのに、よくこれだけまとまってダンスの練習ができたものだと感心するくらい上手なパフォーマンスでした。

おみこしワッショイ

第二部は、みんなで踊る盆踊り、阿波踊りです。

〝同じアホなら踊らにゃそんそん〜〜〟とばかり、これは全員でプールを囲んで輪になって踊り、にぎやかでした（〝えらいこっちゃ、えらいこっちゃ〟）。ベトナムでもらったワラの円錐形の帽子（ノンラー）を、半分にぺしゃんと折り、リボンで飾って阿波踊り用のすげ笠にリフォームした人がいて、みんなそれをかぶったので雰囲気満点でした。

第三部は、夜のファッションショー。会場はブロードウェイです。

テーマは「NO BORDER」（境界線なし）——。若い人も高齢者も世代を超えて、男も女も、日本人も外国人も、みんなで楽しもうというもの。おじいさんと若い女の子が手を取りあってモデルになったり、男の子が女装したり、子供三人連れの家族が出たり……、二週間も共同生活をしていると、誰が誰だかわかってきたので、応援のシュプレヒコールがあったり、まるでひとつの家族ができあがったような親しみのあるショーになっていました。

これは、やはりピースボートならではのイベントでしょう。たのしい一日でした。

今日、ランチで同じテーブルに座った80歳の男性は、結婚53年目に奥さんから一方的に離婚されて〝傷心の旅〟なのだそうです。

「でも、この船でデビ夫人みたいな人をみつけられたらいいと思っています」

というから、すごい！　なにしろ、船にはいろいろな人生を背負っている人がいるので、話を聞くだけでも面白いです。

ふつうってなあに？

船にはCC（コミュニケーション・コーディネーター）というバイリンガルの若い人たちが15人くらいいて、あらゆる講演、ミーティングなどで、通訳をしています。純日本人だったり、ハーフ（ダブル？）だったり、まったく外国人だったり、育ったバックグラウンドもさまざまなのですが、日本語も英語（あるいはスペイン語）もパーフェクトで、すばらしい仕事をしている人たちです。みんなボランティアです。今日はそのCCさんたちによる「ふつうって何？」というディスカッションがありました。

まだ二〇代（若い人は一〇代後半）の彼らですが、それぞれ自分の「アイデンティティー」に悩んだこともあって、涙ながらに体験談を話してくれる人もありました。

マリサはお父さんが日本人、お母さんがイギリス人の日本育ち。家庭ではお母さんと英語で話していたけれど、友だちには英語ができること隠していた。顔が外人ぽかったので、とくに京都という土地がら、目立ちたくなかったので日本人になりきろうと努力したけど、結局ムリで、高校のときに登校拒否。お母さんに文句をいったこともあった。でも高二でアメリカ留学をして、世界にはいろいろな人種がいることがわかり、目が開き、自分の環境を感謝できるようになった。

ロビンはまったく外国人の顔をしているのに「えんどうたかし」という日本名もあるとかで、ちょっとおかしかったです。東京生まれでロンドン育ち。イギリス人の父はキリスト教で、日本人の母は仏教。クリスマスにはローストチキン、お正月にはおせち料理を食べて育った。子供のころ、夏になると日本に帰ってきて、日本語がわからなくてお母さんに教えてもらっていたので、日本語が女性っぽくなってしまったとのことです。

エレナは両親とも日本人で、アルゼンチン生まれのアルゼンチン育ち。だから見たところはまったくの日本人。家族では日本語を話し、現地の学校ではもちろんスペイン語の生活で、白人の中で〝日本人〟であることにいつも違和感を持っていたけれど、いまでは二つの文化を身に着けることができたことに感謝している。

エリカはお父さんがアメリカ人、お母さんが日本人で、お母さんとは日本語。アメリカの学校に通っていたけれど、土曜日には日本語補習校に行くのがいやだった。サンクスギビングには七面鳥を食べ、大みそかには「紅白歌合戦」を見るという生活。アメリカ人社会のなかで自分を確立できなくて混乱していたが、22歳で日本に移住して、両方の文化を共有できたことに今は感謝している。

私たちから見たら、〝なんて羨ましい！〟と思う人たちでも、それぞれ悩みを持っていたことを聞き、意外な感じを受けました。

「何人（なにじん）？」と聞かれるのがいちばん嫌い。どうしてかというと、両親のどちらかを選ばなければいけないみたいで違和感がある、との発言が心に残りました。人が幸せに生きるためには、正しく自己評価して、尊厳を持って生きることが大切、と若い人に教えてもらいました。

みんなの結論は「多様性を受け入れ、大切にしよう」ということでした。

わが家の孫二人も、同じように日本人の母親、スペイン系アメリカ人の父親の間に生まれ、アメリカで育っているので、国境は関係なく心の広い「地球人」として育ってほしいと願わずにはいられませんでした。

数えてみたら、この航海も、もう二〇日も経っているとは！　びっくりです。このぶんだと、85日間なんてあっという間に経ってしまいそうです。

今日は「カンボジア地雷問題検証ツアー」に行ったグループの発表がありました。劇やスライドを使って、カンボジアの歴史や地雷がなぜ埋められるようになったかを検証し、実際に地雷原に行って、作業の様子などを見て、どんなに恐ろしかったかを臨場感をもって語ってくれました。そして被害者の人たちとも交流を通して、どんなに感動したかということを、一人ひとり、生き生きと話してくれて、その素直な気持ちに涙が出るほど感激しました。

そのあとは、スペイン語のクラスメイト、ヨシさんの自主企画で、「考えるということ」という哲学についてのレクチャー。カント哲学と平和論理について――。大学の講義のようでしたが、(元大学教授なので当然ですが) 久しぶりに考えるヒントをもらえました。

このように、参加者が自主的に自分でプログラムを企画することができるのが、このピースボートの特徴です。

そして夜は、「Pスタジオ」という、現在ピースボートのスタッフとして働いている人たちをインタビュー形式で紹介するセッションがありました。いつも笑顔でピチピチ働いているアライちゃんは、じつは中学は引きこもりで、高校で暴走族になって事件をおこして、少年院に一年半入っていた、という告白をしていました。そして、仕事をしているときに偶然ピースボートのポスターを見て、これに行きたいと思って、〝ポスター貼り〟をして旅費を稼いで、世界一周をして人生が見えてきたという人。

もう一人のミヤウチさんは、中学時代はいじめられっこで、高校のときにガングロになって、学校退学。キャバクラ嬢をしていて、仕事がいやになったときにピースボートのポスターに出会って、これまた〝ポスター貼り〟で旅費を稼いで乗ったという人。それから二人はピースボートに惚れ込んでスタッフになって、今回、スタッフとして乗船しているとのことです。

本当にそんな過去があったなんて信じられないような、明るい素敵な人たちです。ピースボートの力ってすごいです！　ちなみにピースボートのスタッフになるためには、必ず一度は乗客として地球一周を経験しているというのが条件だそうです。

いま、ピースボートの前後左右にタンカーが四隻います。ピースボートを含めてこの五隻を自衛艦が前と後ろについて、走行しています。隊列をなして、同じスピードで航行しているので、なんだかとても物々しいです。ピースボートは日ごろ「自衛隊反対！」なんてやっているのに、こうして守られているのを見るのはなんだか、ものすごい皮肉！

自衛隊さん、ごくろうさまです。


今日はヤスナさんの「紛争解決」のプロジェクトがありました。

グループに分かれて、与えられた九枚のイラストをストーリーに沿って並べるというものです。そのイラストというのは、初めはおとなしく会議をしている人たちが、言い争い、つかみ合いのケンカを始め、イスや机まで倒して争う、というようなもので、それを順番に並べてストーリーをつくる、という作業です。そして、〝なぜ、紛争が起こるのか〟を、グループごとに検証し、発表しました。

「こうした話し合いこそが、紛争解決への糸口なのです」

というヤスナさんの言葉に、大きくうなずく私たちでした。


エジプトに備えて、アラビア人のブレークダンサー、ワリードさんによるアラビア語の会話の練習です。

まずは、挨拶から……。

「アッサアラーム　アレイコン」……こんにちは
「ワ　アライクム　アッサラーム」……こんにちは（返事）
「アフワン」……やあ
「フルサトン　サイーダ」……お目にかかれてうれしい
「カリファ・ハルーキ」……元気？
エジプトに着いたらさっそく使いましょう。

ヤスナ・バスティッチさんの昨日の続き、「革命後のエジプト、『アラブの春』それとも『アラブの冬』？」というレクチャーを聞きました。

エジプトでは革命が成功して、ムバラク大統領の辞任後は「エジプト軍最高評議会」が全権を掌握して、憲法を停止し、事態の収拾につとめるとともに、半年以内に憲法の改正、大統領ならびに議会の選挙を行なうとしました。初めて民主主義にもとづく選挙が行なわれ、二人の大統領候補によってテレビで公開討論会が行なわれましたが、これはエジプトの歴史上はじめてのことだったとのことです。

ムスリム同胞団のモハメド・マーシー氏が選ばれ、軍は全権力を議会と大統領に譲渡し、マーシー氏が大統領の座についたけれど、軍に与えられていた莫大な予算や特権はこれまでどおりとのことで、果たしてこれで「春」がきたのか、あるいは「冬」の始まりなのかはまだわからない、との結論でした。

エジプトの新政権により実行されている政策は、イスラエルなど近隣国に影響を及ぼすだけでなく、中東地域全体、地球規模のコミュニティーにも影響を及ぼすに違いありません。次の寄港地が「エジプト」の私たちにとって、こうした背景を知っていることは、どんなに大切なことか……。貴重な講義でした。

チャリティーオークション

夜は、二回目のフォーマル・ディナー。

メニューはスモークドサーモンとトマトのブルスケッタ、オニオンコンソメスープ、サーフ・アンド・ターフ（一皿にお肉と魚料理が盛られたもので、牛テンダーロインとタイガーシュリンプが盛られていました）にワイルドライス添え。それにデザートはストロベリーパイ。ちょっとおしゃれをして、フォークとナイフでいただくフルコースのディナーもいいものです。

そのあとは、ブロードウェイで、「サナア・プロジェクト」といって、パレスチナ難民支援のチャリティー・オークションがありました。アラビア語でサナアとは「光」という意味で、紛争によって苦しんでいるパレスチナ難民の人々へ、小さな希望の光を届けたいという思いを込めて、ピースボートが立ち上げたものです。

難民の人たちが民芸品をつくり、ピースボートがそれを買い取ることで、難民に仕事を生み出し、家計を助けることになります。その仕入れた商品を日本国内で売り、そこで得た利益をパレスチナ難民の支援に使うというシステムです。ピースボートは、難民キャンプに公園建設という事業もしてきました。今夜のオークションは、その支援のためです。

オークションの商品は、「船長と一緒に食事をする」「出港時にドラを鳴らす」「カラオケ三時間貸切」「タイマッサージ九〇分」「ベリーダンスの個人教授」「外国人教師と一緒に写真をとる」……などなど、いろいろありました。「カラオケ貸切」は超人気で、二万円くらいまで声がかかっていました。

私は「カサブランカ」というバーでピアノを弾いている、ウクライナ人の「サーシャを一時間ひとりじめ」というのがあったので、それを落札しました。競争相手もなかったので、最低価格五〇〇〇円での落札です。オークションの中で一番高い値がついたのが、手塚治虫の『ライオンキング』の下絵で、六万円で落札されました。

そのほか、ハッピーチケットといって五〇〇円でラッフル券（慈善福引き券）があり、それも二枚だけ買ったのですが、その二枚とも当たってしまいました！　アイテムは最後のほうだったのであまり残りがなく、残っている中から「イギリス紳士とディナー」というのと、なんだかよくわからない「あなたの歌に合いの手をいれる」という二つを選びました。

急病人！

今日の午前で、海賊対策はすべて解除になり、黒い幕も取り去られ、やっと平常に戻り、ホッとしました。海を見ると自衛艦も他のタンカーも、いつの間にか、いなくなっていました。いまは紅海を走行中ですが、イルカの群れを見た人が何人もいて、船の中が盛りあがっています（残念ながら私は見ていません）。

今日はこれから寄港するエジプト、トルコへの準備のために、航路説明会がありました。その時に説明があったのですが、急病人が出たので、予定より半日早く次の寄港地サファガ（エジプト）に到着できるように速度を速めていますということでした。どうりで、自衛艦がいなくなったとたんに、急にスピードのピッチが上がったと思いましたが、そんな理由があったわけです。

　その説明会があったのが午後四時だったのですが、午後八時に船内放送があって、今度は、別のケガ人が出たので、急きょ航路を変更してサウジアラビアに向かっている、とのことです。ひとりのケガ人のために航路を変えるというのは、よほど生死にかかわっているのでしょうか……。

早く病人を助けてあげて！

　朝五時すぎに目が覚めたので、外を見たら薄暗いなか、遠くに陸地の光が見えたので、デッキに出てみました。どうもサウジアラビアに着いたようです。しばらくして湾の中にイカリを降ろして船が止まりました。

　朝日が昇るのを見ていると、ヘリコプターが飛んで来て、船の頭上に停止して、ひとりが縄ばしごで降りてきましたが、しばらくしてまたその人が戻って、ヘリコプターは行ってしまいました。そのあと、またヘリコプターが戻ってきて、それと一緒にタグボートが着いて、結局、患者はボートで陸に向かいました。

そのケガ人というのは、まわりの人の未確認情報によると、夏祭りのときにウォーターボーイズで張り切っていた〝男の子〟だということです。昨日、プールで、何人かと泳いでいて、飛び込み禁止なのに、その彼が、ヘンな飛び込みをしたそうで、そこできっと脊髄を打ったのか、意識を失い、水に浮かんで、足はマヒしていたようです。これも伝聞だから間違っているかもしれません。とにかく狭いボートの中のことなので、さまざまな憶測が流れて、ウワサがウワサを呼んで、とんでもない話になることがあるので、そういう意味ではこわい社会です。

知らない土地に、ひとりで置き去りにされるのは可哀想と思っていたら、リアドの日本大使館にも、家族にも連絡が取れていて、患者を迎えてくれるそうでちょっと安心しました。

やっと、一件落着と思っていたら、そのあとのアナウンスで、もうひとり〝急患〟がいるので、その人のために急いでエジプトのサファガに向かうそうです。本当なら一八日早朝に到着予定が一七日午後には到着になるそうです。

このオーシャンドリーム号は〝35歳〟とのことなので、船としては老朽船の部類に入ると思うけれど、老体にムチ打ってがんばっているという感じで、船体をガタガタふるわせながらフルスピードで航行しています。患者さん、もうすぐですよ、がんばってね！

断食を経験

今日はヤスナさんの「イスラム教について」のレクチャーがありました。

私たちはイスラム教というと「過激派」「自爆テロ」「聖戦」などを思い浮かべるけれど、多くのイスラム教徒は慈善を重んじ、礼拝を大切にする心やさしい人たちだということを学びました。

イスラムの「五つの教え」というのは、

・信仰告白（シャハーダ）……「アッラーの他に神は無い。ムハンマドは神の使徒である」と証言すること。
・礼拝（サラート）……一日五回、キブラに向かって神に祈ること。
・喜捨（ザカート）……収入の一部を困窮者に施すこと。
・断食（サウム）……ラマダーン月の日中、飲食や性行為を慎むこと。

・巡礼（ハッジ）……マッカのカアバ神殿に巡礼すること。

イスラム教を体験するために、ヤスナさんの水パ（水先案内人パートナーの略で、ヤスナさんの講義などのお手伝いをする人たちのこと）有志が、今日一日ラマダン（断食）を経験してみようということになって、私も断食を経験することにしました。でもちょっと心配だったので、食物は断ちましたが、水だけは飲んでもいいことにしました。私たちはこれから、エジプト、トルコ、モロッコとイスラム圏を旅行するので、今日の話はとても参考になりました。

ＬＧＢＴって？

そのあとはピースボート主催の「BE THE CHANGE! 多様な性を生きる」という講座。今日は「セクシャル・マイノリティー」、「ＬＧＢＴ」の話をして、実際にスタッフやＧＥＴの先生でカミングアウトしている当事者に話を聞くというものです。男性は女性を、女性は男性を好きになるもの、それが当然の社会に住んでいる私たちだからこそ、「同性愛者」や、自分の性に違和感を持つ人にとっては、住みにくい社会といえるかもしれません。今日、参加してくれたのは以下の三人でした。

「G」（ゲイ）は、若いイギリス人男性、GETの英語教師のマット。一〇〇%男性だけに性的嗜好がある。

「L」（レズビアン）は、日本人女性のピースボートスタッフ、マイカ。自分が女性であることにとらわれない、どちらでもいい。九〇%女性が好き。

「B」（バイセクシュアル）は、ニュージーランド人女性でGETのコーディネーターのパニア。女性としての誇りをもっている。好きになればそれが女性、男性どちらでもかまわない。

セクシャル・マイノリティーの人たちにとって、まわりの人にカミングアウトするタイミングがむずかしいのですが、マットは15歳の時にしているといい、マイカは今日がその日だといっていました。パニアは誰にいうことでもないので、まわりの人の判断にゆだねたいということです。みんな、明るく笑顔で自分の気持ちを話してくれました。

これもピースボートならでは、でしょうね。すばらしいことです。

そのあとは断食した仲間がデッキに集まり、沈む太陽を見ながらジャンプして、その時を待ちました。日の沈むのを確認してから、九階のデッキで一緒に夕食のカレーを食べま

日が沈む（断食が終わる！）

した。今日はじめての食事です。こんなおいしいカレーがあるなんて！　みんな大感激！　一皿のカレーが本当においしかったです。

25日目、また時差が一時間生じたので、日本との時差が七時間になりました。

睡眠時間が一時間増えるのでゆっくりできるはずなのですが、身体は正直なもので、時間がくれば目が覚めてしまいます。今日も五時半ごろ目が覚めてしまったので、起きだして自分の部屋のデッキから朝日が昇るのを見ていました。今日は初めて、年賀状になりそうな、水平線から少しずつ顔を出して昇ってゆく太陽を見ました（いつも下に雲がかかったりしていたので、これはめずらしいことなのです）。

昨日は、完全に水平線に落ちる太陽を見て、一二時間後に同じ太陽がまた水平線から昇ってきたのがとても不思議な気がします。海の色が昨日にくらべて、きれいな藍になってきました。私の大好きな色なのでうれしいです。

日の出を見たあとは、スポーツデッキに出て、ラジオ体操をみんなと一緒にして、そのあとはノルディック・ウォークを二〇分くらい。今日も朝飯前に大汗をかきました。

講義あれこれ

今日は宮台真司さんの最終講義「社会を我々のものにする唯一の方法―ピースボートの潜在的可能性」――。

3・11以降、私たちはメディアという巨大なフィクションの繭（まゆ）の中で、でたらめな決定を続けている政治に気づいてきました。そして、それを変えることができていません。このような社会を私たちの主導にするためには、それぞれの立場や考えの上で、自らの意思を表明する必要があり、その機会が「住民投票」なのですが、日本では正しく理解されていない、と宮台氏は述べています。住民投票で大切なことは、投票に先立つ情報公開、公開討論会、ワークショップなどを通し、正しく理解し、行動することです。その力で巨大な繭を破り、現代社会を生き抜くために「地域社会を自分たちのものにする力」が必要であるとの提案でした。

根本的な民主主義に関わる未成熟な部分を正すため「多数決ではなく、参加・包摂を」

「議論ではなく熟議を」と提唱。参加することで藺を破り、包摂することで分断を防ぎ、新しい一手を切り開くためにも熟議を、ということでした。

うん、そうね、とうなずきながら聞いた講義でした。

宮台さんの講義は、いままで「グローバル化とは何か」「援助交際研究をした理由」「昭和とは何か」「ナンパ塾」とか、いろいろ聞いたけれど、イマイチ〝なぜ？〟というところがあったけれど、今日の最終講義は聞いてよかったと思える講義でした。


そのあとは、ジャーナリストのヤスナさんと、クルーズ・レポーターをしているイギリス人のルークさんとの「テレビのニュースを信じることができますか？」という興味ぶかいテーマでの対話形式のレクチャーでした。メディアが報じているニュースは、本当のことが伝えられているのか、あるいは、操作されているのか、ということを、実際の経験を通して学んだことを話してくれました。

ルークさんが以前テレビ局で働いていたとき、イギリスのデモを取材したのですが、そのデモは秩序に従って整然と行なわれていたにも関わらず、たった一人の人がショーウインドウを壊そうとしている行為がメディアの目に止まり、その場面だけが大きく取り上げられ、今日のデモは暴徒化した、と報じられたというような例をあげ、その新聞記事と実際の状況を比較しながら、その歪んだ報道を批判しました。

ヤスナさんからも、長年の経験からメディアの伝える情報を鵜呑みにするのではなく、批判的に判断する能力、社会において良い決定をするための〝必要な能力〟を身につける必要があるということを学びました。

私たちも、3・11の報道ひとつとっても、正しい情報が知らされていなかった事実を経験しているので、大いに共鳴できました。

紅海で泳ぐ

午後三時すぎに、スエズ運河の手前のサファガ（エジプト）に着岸しました。さっそく船から降りて、夕方の街を散策に行く人もいましたが、私たちは、今日は船から、街を眺めるだけにしておきました。

ピースボートとエジプトは関係が深くて、もう三三回も寄港しているそうです。「72回クルーズ」では、洋上で「中東非核会議」を開き、エジプトをはじめ、さまざまな国から市民代表が集い、中東での非核地帯の確立を促進するための手段を話しあったそうです。

翌朝は、ルクソール「王家の谷」のツアーに行く人たちが、朝の六時すぎに出発していきました。乗客の大半が行くので（七〇〇人ちかく！）、バス二六台になるそうです。最近のエジプトは治安が良くないので、観光地に行くバスには、ツーリストポリスが武装して二人ずつ乗り込むそうで、それだけでもかなりの数になります。それで往復七時間のバスの旅なので、現地ではかけ足で遺跡をみることになるでしょう。

私たちは、ルクソールは一度ゆっくりと見ているし、そんな忙しいツアーはしたくないので、やめて、近くのハルガダというリゾートの街への往復送迎バスというのに乗り、街に出ました。着いてから自由行動です。少し街を歩きましたが、あまり魅力的な街ではないので、すぐに大きなホテルにたのんでプライベートビーチに入れてもらいました。35ドルでランチ付、飲み物自由、ビーチデッキ、ビーチタオルというサービス。プールやビーチがきれいに整備されていて、そこでのんびり一日すごしました。透き通るような海の水、東洋人は私たちだけでした。ほとんどがロシア人観光客とのことです。ホテルの人は、〝ここは第二のモスクワです〟とジョークをいっていましたが……。

ランチはレストランでビュッフェでしたが、久しぶりに〝豪華な?!〟食事でした。メインディッシュ、サラダ、デザート、フルーツそれぞれ一〇種類以上あって、満足でした。

ビーチサイドでは、飲みものはビールでもソフトドリンクでもアイスクリームでも飲み放題・食べ放題だったので、デッキに寝そべって、ときどき泳いで、のんびりしてきました。すぐ近くでは女の子二人がトップレスで日光浴していました！

というわけで、

紅海で泳いて後悔なし?!

エジプトのビーチで

今度の外国旅行で気がついたのですが、どこに行っても私たちの姿を見ると「ニーハオ」といわれます。昔だったら絶対に「コンニーチワ」といわれていたのに！　それだけ中国の経済が上向きなのでしょうね。街で中国人観光客にはぜんぜん会いませんでしたが……。

船に戻ってデッキで、11日間のケニア・オプショナルツアーから帰ってきた人と会ったのですが、〝今日の夕食の味噌汁が涙が出るほどおいしかった〟といっていました。やっぱり日本人は和食なのですね。船旅は三か月も続くのですから、豪華なごちそうではなく、ごくふつうの和食風の献立がいちばん健康のために良いのだ、ということがよくわかってきました。

午後には「中東に非核武装地帯は作れるのか？」というヤスナさんのレクチャー。

私が司会をしました。地球上すべての生物に脅威をもたらす核兵器を締めだす「非核武装地帯」が世界各地で広がっています。ラテンアメリカ、カリブ海諸国では四〇年以上前にすでに設置されているし、太平洋でもアフリカ大陸でもそのような取り組みがなされています。

中東でも多くの地域で非核武装地帯をつくることに賛同しているにも関わらず、いまだに作られていないのはなぜか、という話。ピースボートも「Horizon 2012」という非核武装運動に積極的に取り組んでいるという話もありました。

ヤスナさんのように英語で話をする場合には、五人の通訳（CC）が働いています。

彼女の英語を交代で逐次日本語に訳す人が三人。別に司会や質問などの日本語を英語にする人が二人（これは同時通訳で、必要な人にイヤホーンでながしている）。有能な若い人たちがキラキラ輝いて仕事をしています。

夜には、九階デッキで「アラビアンナイト」のイベントが開催されました。司会者の若い男女もしっかりアラビアの衣装を身に付けて、ムード満点です。水タバコ体験や、アラビア文字で自分の名前を書いたりするコーナーもありましたが、今夜の目玉は何といってもベリーダンスです。

魅惑のベリーダンス

出演はこの二週間、YOSHIEさんの特訓を受けた「ベリーダンス教室」の女性たちです。短いレッスン時間だったのに（私は一回でおりてしまいましたが……）、五〇人くらいの女性が、金ピカのアラビアの衣装を身にまとって、おへそを出して、ベリーダンスを踊っていたのにはびっくり！　猛練習の成果で、みなさん、それぞれセクシーに腰をクネクネとまわし、観客（とくに男性方！）を魅了していました。最後は会場の老若男女の有志を交えて踊りまくり、楽しい夜でした。

スエズ運河を行く

今朝は四時半ごろ、スエズ運河の入口に着いた、という船内放送で起こされました。デッキに出てみたら、まだ暗くて、空の星が夜より明るく頭上に輝いていました。いよいよ紅海から地中海に抜ける運河です。

しばらくデッキにいると、だんだん空が白んできて、まわりがよく見えるようになってきました。下のデッキは、スエズ運河を一目見ようと、人々が鈴なりになっていましたが、私たちの一〇階は、住人たちだけの専用デッキがあるので、ちょっとぜいたくです。

そのうち太陽が昇って、すっかり明るくなりました。

暗いうちは寒くてフリースを着て、靴下を履いても震えるくらいだったけど、太陽が昇ったとたんに気温が上昇してきて、一枚脱ぎ、二枚脱ぎ……という感じで、これ以上脱げない半袖になりました。太陽の力ってすごい！

スエズ運河は、エジプトのスエズ地峡に位置していて、地中海と紅海（スエズ湾）を結ぶ、海面と水平な人工運河です。この運河の発想は紀元前二〇〇〇年からあったというのですから、おどろきです。今から四〇〇〇年も前ですよ！　信じられますか？

スエズからポートサイドまで時速七キロで二四時間かかるそうです。

運河の幅が一八〇メートルくらいなので、両サイドを見わたしながら船は下っていきます。右舷側を見ていると、電気も建物もない砂漠の見えるシナイ半島で、左舷側を見れば、近代のビルが立ち並ぶという、なんとも不思議な光景です。まるで原始時代と近代を一緒に見ているような不思議な気分でした。

スエズ運河にかかる友好の橋

途中、船内放送があって、「日本エジプト友好橋」を通過するというので、そのときはまた皆デッキに出て写真を撮りました。二〇〇一年に日本が無償援助工事で、全長三・九九キロ、エジプトとシナイ半島を結ぶ唯一の橋として建設したものだそうで、その記念に、橋の真ん中に日の丸とエジプトの旗が付いていました。
これは一九九四年にエジプトが掲げた「シナイ半島開発計画」の一端で、緑地化援助のためだったそうですが、緑地化は進んでいないようです。中東戦争の泥沼化で、ヨルダンやイスラエルに近い運河の東側に物資を運ぶことができず、いまでは〝軍事道路〟として使われることも多いということで、がっかりです。アジアとアフリカを結ぶ唯一の橋を、弾丸ではなく、緑の苗を運ぶために使ってほしいと祈らずにはいられませんでした。

ポートサイドの古本屋

丸一日かかってスエズ運河を航行し、やっと午後三時すぎにポートサイドに着きました。ここでは下船できたので、街を散歩することにしました。

船を降りたとたんから、物売りの大群が「ワンダーラー、ワンダーラー（1ドル、1ドル）」とみやげ物を持って、しつこく付きまとってきましたが、なんとか逃れて、街の中にある市場まで歩きました。そこでブドウやパパイアなどのフルーツをたくさん買えてよかったです。リヒトさんはさっそく大好きな古本屋を見つけて大喜び（これが彼の唯一の趣味なのです！）。

店のおじさんが「どこの人？」と英語で聞くので、「日本人」といったら、英語で書いた日本の本があるといって、古本が山になっている下のほうから出してきました。一九三九年に書かれた日本紹介の本でした。「いくら？」と聞いたら、「もういくらでもいい、持って行ってください」というので、持ち合わせのエジプトポンド三〇ポンドあげたら、〝ま、いいか〟とちょっと不満そうな表情で受け取ってくれました（ちなみに三〇ポンドは約US3ドル…〈三〇〇円〉でした！　ちょっと申し訳なかったです）。

エジプトの田舎町でも本屋に行けて、しあわせなリヒトさんでした！

というわけで、無事、地中海の入口にたどりつきました。

本屋さんと一緒に

次の朝は、ほとんどの人がピラミッドやアレキサンドリアの観光に行くので、朝の集合が四時五〇分ということで、船内放送が入りました。このところ毎朝、暗いうちから船内放送で起こされています！　私たちは、ピラミッドには行ったことがあるし、こんな忙しい観光はしたくないので、ポートサイド市内観光と、シナイ半島側にわたるツアーを申し込んでいます。朝一〇時半の集合なのでのんびりです。
朝食は残留組の一〇〇人くらいだけでした。そのテーブルで、船舶の専門家と一緒になったのですが、その人が〝このオーシャンドリーム号はちゃんと横浜にたどりつけるかな〜〟と怖い話をしているので、びっくり！

彼の話によると日本の船はだいたい一五年でスクラップするそうなのですが、これはパナマの船なので、日本の基準に従わなくてもいいそうです。そういえば、この船一九八一年にデンマークで建造されたと読んだことがあります。一五年の倍以上働いていることになります。その人によると、船体の揺れの響きからして、かなり老朽化しているというのです。七階では水道管が破裂して、いくつかの部屋が水浸しになったそうです。電話も故障しているし、船内放送もときどき聞こえないし、いろいろ問題があることは確かです。

なにしろ、これだけ狭い社会なので、あらゆるウワサが飛び交っているので、私はそういう話はあまり聞かないことにしているので、耳に入ってこなかったのです。でもその人だってこの老朽船に乗っているわけですから、沈没すればもろとも……ということになります。ま、無事横浜にたどり着くことを信じることにいたしましょう。

船の中は、ほとんどの人がピラミッドに行って出払ってしまってガランとしています。

朝食後、ツアーの集合まで時間があったので、ブロードウェイで（ピアノがあるので）、初めて大きな声を出して歌の練習をしました。明日、ピアニストのサーシャさんとミニ・

コンサートを開くことになっているのに、なかなか声を出して練習する場所がなかったので（大シケのときに、デッキに出て声がかき消えるくらいの風の中でちょっと練習したくらいです）、久しぶりにまわりに気兼ねなく、大きな声で歌えて幸せでした。

一〇時半からバスのツアーに行きました。この街、ポートサイドは見るものがほとんどなくて、軍事博物館などというところに連れて行かれて、ナセル大統領の写真などを見てきました。フェリーでバスのままシナイ半島側に行きましたが、これまた何もないところで、あまりきれいとは言えない塩田を見てまたポートサイドに戻って、海岸のそばのレストランでシーフードのランチを食べました。

ガイドのエジプト人の青年に、いままでのレクチャーで仕入れた知識を駆使して、エジプト情勢について聞いてみました。彼は熱心なイスラム教徒なので、いまのイスラム政権には満足しているようでした。革命のおかげで、今回、四三年の人生で初めて選挙に行って、いまの大統領に一票を入れた、とうれしそうに話してくれました。

食事のあとは、バスで船に戻るだけというので、そこでバスを離れて、二人で街の中を歩いて船に帰ることにしました。途中、きれいなモスクがあって、たまたま金曜日で礼拝が終わったところだったので、のぞいてみたら、気持ちよく中を見せてくれて、裏にある、手や足をあらう洗い場まで案内してくれました。

とにかくエジプト人は本当に親切。

「ウエルカム！」と声をかけてくれるし、覚えたてのアラビア語で「アッサラーム アレイコン」とあいさつすると、みんなニコニコ返事をしてくれます。でも、街はゴミ箱の中にいるようで、どこ見てもゴミが散乱していて、信じられないほど汚いです。

地中海へ

船に乗ってから、もう三〇日になります。昨晩時計を一時間戻したので、また日本とは六時間の時差になりました。スエズ運河をわたって地中海に入ったら気温も下がり、風がさわやかで、海もおだやかで気持ちいいです。

今朝は、一一階の最上階のデッキに集まって、「聖書と讃美歌に親しむ会」をしました。先週、ひょんなことから、私たちがクリスチャンだということを知ったほかのクリスチャンの方から、「一緒に集会をしませんか？」とのお誘いを受けたのです。

ピースボートでは宗教活動をしてはいけないと聞いたことがあったので、スタッフに聞いてみたら、布教活動をしては困るけれど、ほかの人に迷惑をかけないのであれば問題ありません、とのお返事をいただきました。それならば、と伝言板にお誘いの案内を出したら一一人も集まりました（九〇〇人のうちの一一人だから、日本のクリスチャン人口の比率より高いです！）。一緒に聖書を読み、風にふかれながら讃美歌を歌えてうれしかったです。

この会は、その後下船まで定期的に開くことができ、多い時には二五人以上の方が集まりました。短い時間でしたが、一緒に聖書を読んで讃美歌を歌うことができました。びっくりしたのは、あるとき本物（？）の牧師さんが現れたことでした。

ピースボートには全行程は参加できない人のために、寄港地に飛行機で飛んで、船旅を楽しみ、また途中から飛行機で戻るという「フライト&クルーズ」というプログラムがあるのですが、この方はこのプログラムで地中海クルーズのために、乗船してきたのでした。

「ぼく、この船では牧師ということを隠していたかったのに、同室の人にみつかってしまって、この会に誘われてきました」

というわけで、一度はこの牧師さんにも話をしていただき、良い会になりました。

平和を考える日

今日はPeace One Day。「国際平和の日」にちなんで、一日平和を考える日で、さまざまな企画が船の各所で行なわれていました。

「ブロードウェイ」では、地球大学の学生たちによるインド研修旅行の発表や、ヤスナさんの「一晩でおこった戦争によって人生が変えられた」という話、被爆者の方々による被爆体験など。

「スターライト」では、福島大学ユースプロジェクトによる「原発はいる？　いらない？」の討論。

「バイーア」では、この世界の「多様性」、ひきこもりや不登校、多文化、セクシャル・マイノリティなどについて考えるセッション等々、盛りだくさんです。

旧ユーゴスラビアのサラエボ出身のヤスナさんは、「夜中にテレビを見ていたら、とつぜんに部屋に穴があいて、それが銃弾だったのです」という、衝撃的な体験談を語ってくれました。それまでは戦争など、自分に関係ないと思っていたのに、一瞬のうちにすべてを失ったのです……という話に、会場は水を打ったように静まり返っていました。

私たちは今の生活がずっと続くと信じているかもしれないけれど、決してそうではない。それを守るためにはそれぞれが、社会に関心を持ち、政治家がすることをウオッチして、反応することが大切です……とのメッセージは心に響きました。彼女はその後、難民としてスイスに移住し、いまはジャーナリストとして活躍しているのです。

コンサートで歌う

夜七時からピアノバー「カサブランカ」で、ピアニストのサーシャと一緒にミニ・コンサートをしました。先日、「サナア・プロジェクト」のためのチャリティーオークションで、「サーシャを一時間ひとりじめ」を落札した結果なのですが、サーシャのピアノ伴奏で歌わせてもらいました。サーシャって、かわいい女性を思い浮かべる方が多いかもしれませんが、じつは中年をすぎた、ごっついウクライナ人男性で、いつも「カサブランカ」というバーで、一人さびしく電子ピアノを弾いているピアニストなのです。

本当はサーシャのピアノをひとりで聴くための落札だったのでしょうが、私は彼に伴奏を弾いてもらって歌いたかったのです。サーシャが快く引き受けてくれたので、このコンサートになりました。彼はロシア語しか話さなくて、私の知っているロシア語は「ダー」（はい）と「ニイエット」（いいえ）、それと「スパシーバ」（ありがとう）だけ。でも、それでちゃんとコミュニケーションができました。

私が歌ったのはシューベルトの「アベマリア」、ガーシュインの「サマータイム」、「中国地方の子守歌」、「アメイジンググレイス」、「見上げてごらん夜の星を」、「遥かなる友に」。

そして、挨拶してくれたクルーズ・ディレクターのヒダカさんも特別参加で、チェロでサンサーンスの「白鳥」を演奏してくださったので大いに盛り上がりました。サナアオークションのハッピーチケットで私が選んだ「あなたの歌に合いの手をいれる」のCCの素敵な女性たちが、合いの手どころではなく、よろこんで司会までしてくれたので、たくさんの方々のあたたかいご支援があって、思い出に残る楽しいコンサートになりました。

サーシャさんとのチャリティーコンサート

お客さんはカサブランカからはみ出るくらいたくさん来てくださり、大きな拍手をくれたので、とてもうれしかったです。アンコールには「今日の日はさようなら」をみんなで歌って終わりました。
ピアニストのサーシャは明日トルコで船を降りて、ウクライナで待っている奥さんのもとに戻るので、「最後の晩に演奏会ができてよかった。ありがとう」と感謝されました。

本当によかったです。
というわけで、今夜は心地よい疲れで、ぐっすり寝られることでしょう。

トルコ

Greece *Egypt*

Turkey

エフェソスへ

今日で出航31日目。朝の五時ころに目が覚めたので、窓の外を見ると、遠くに陸の電気の光が見えたので、デッキに出てみました。

だんだん山の向こうが太陽で赤くなってきて、街がぼんやり見えてきました。

トルコのクシャダスです。

ここは以前、エーゲ海のクルーズで一度来たことがあるのですが、もう一度行く意味があると思って、エフェソスに行くツアーを申し込みました。エフェソスは港からバスで三〇分くらいの距離にある、紀元前十一世紀に古代ギリシャによって建設された、高度な文明を築いた古代都市の集落跡です。

説明によれば、紀元前十一世紀、ギリシャからやってきたイオニア人によってエフェソス近郊に都市国家が建設されて、発展したのですが、紀元前二八七年に、川から運ばれた土砂のため港が埋もれ、疫病が蔓延し、そのために、海から四・五キロ離れた現在の場所に遷都したとのことです。この町の黄金期は、ローマ帝国支配下の紀元前一三〇年ごろで、約一〇万人が暮らしていたと推定されています。当時は、ローマ、アレクサンドリアにつ

エフェソスの円形劇場

いで三番目に人口が多い町として繁栄し、数々の国際会議も開かれたそうです。

エフェソスには比較的早くキリスト教が入り、新約聖書にはパウロが書いたとされるエフェソスの教会に宛てた書簡「エフェソの信徒への手紙」があります。また伝承では、使徒ヨハネはパトモス島の流刑から解放されたのち、エフェソスの教会の司教をつとめるかたわら、「ヨハネによる福音書」を書いたと伝えられています。イエスの母マリアもヨハネとともにエフェソスで余生を送ったと伝えられているそうです。

そんな長い歴史を背負った街の様子は、かなり復元されていますが、それでもまだ全体からみたら一〇％くらいだそうです。紀元一〇〇年頃の最盛期には三〇万人くらい住んでいたそうですから、かなり大きな町だったのでしょう。二万五〇〇〇人を収容できるという、ローマ時代の「大円形劇場」があります。いまの水準からみても抜群の音響効果があり、現在でも劇場として使われているそうです。ウーン、あんなところで一度歌ってみたい！

いちばん目立つ遺跡が、当時は一万冊の蔵書があったという、荘厳なレリーフの「セルシウス図書館」（外観だけ）です。そのデザインのすばらしさには、しばし見とれてしまうほどです。おもしろかったのは、この図書館からお隣りの〝娼館〟に、秘密の抜け道があるそうで、きっと「図書館に行ってくるよ」などといって、お隣りに通っていた人も多かったのでしょう。人間（男？）って、何千年も変わらないところがあるのがおかしいです。

人が並んで座って用を足せる、大理石のベンチに穴があいているトイレや（下に水が流れるようになっている水洗式！）や公衆浴場、売春婦宿、アゴラ（広場）、大理石の大通りなど、当時、確かに生活していたという名残りがあちこちにあり、歩いていると当時の生活が見えてくるような気がして楽しい散策でした。当時の日本からは考えられない古代人たちの、都市計画、建築学の水準の高さに、改めて驚かされるツアーでした。

そこから近くのシリンジェ村というところに行ったのですが、ここは村全体が民芸品などのお土産屋さんやレストランがいっぱいの、観光客用の村でした。気温は三〇度くらいで、雲ひとつない青空だったので、かなり強い日差しで肌が焼けるようでしたが、日陰に入るとさらりと気持ち良い気候でした。

なにしろ、ベトナム、インド、エジプトと、ゴミ箱の中に町があるようなところから来たら、このトルコはなんて清潔で、きれいなところでしょう！　感動してしまいました。道端にゴミがなかったのが印象的でした。

ここからイスタンブールやカッパドキアなどを回る六日間のオーバーランドツアーに参加する人たちもかなりいるようです。

ギリシャ

Italy *Turkey*

Greece

パウロの足跡をたどる

ひと晩寝たら、今朝はもうギリシャのピレウスに到着です。

エフェソスからピレウスという行程は、パウロの伝道旅行（二回目）のルートです。私たちはひと晩で着いてしまいましたが、二千年の昔には、どんな船で何日かかったのかしら、と海を眺めながら想像してしまいます。このところパウロの歩んだ道が記してある新約聖書の「使徒言行録」をずっと読んで、〝パウロ〟の足跡をたどっていました。

パウロという人は、イエスの弟子ではありません。それどころか、イエスが生きていた時には律法学者の立場からイエスの教えに反対し、イエスや弟子たちを迫害して、殺そうとも企んだくらいの人だったのです。

ところが、ダマスコへの旅の途中で、十字架の死から復活したイエスと出会い、その神秘的な体験を契機に、キリスト信仰へと大転換をするのです。その体験についてはここに書くと長くなるので、興味がある方は、新約聖書の「使徒言行録」の九章を読んでみてください。この体験のあと、パウロはあちこちの教会で、それまで敵対していたイエスのことを、「この人こそ神の子である」と宣べ伝え始めたのです。

「わたしの主キリスト・イエスを知ることのあまりのすばらしさに、今では他の一切を損失とみています。キリストのゆえに、わたしはすべてを失いましたが、それらを塵あくたとみなしています。キリストを得、キリストの内にいる者と認められるためです」（フィリピの信徒への手紙3章8―9）

「あなた方は皆、信仰により、キリスト・イエスに結ばれて神の子なのです。そこではもはやユダヤ人もギリシャ人もなく、奴隷も自由な身分の者もなく、男も女もありません。あなたがたは皆、キリスト・イエスにおいて一つだからです」（ガラテヤの信徒への手紙3章26―28）

と語り、パウロは三度にわたってギリシャ語圏への伝道旅行をして、各地に教会を建設したのでした。いってみれば、このパウロの伝道旅行によって、キリスト教が世界の宗教として発展していく基礎がつくられたわけです。

ギリシャ料理でヒーリング

この寄港地ピレウスからは、アクロポリスなど、アテネ市内観光に出かける人が多いのですが、私たちはすでに何度か来ているし、今回はのんびりギリシャを体験しようと「ギリシャの田舎町でオーガニックとヒーリング体験」というツアーを選択しました。参加者は二〇人ほど。ほとんどが女性で、男性はリヒトさんとCCのロビンの二人だけでした。ピレウスからバスで一時間半。エーゲ海とオリーブの木に囲まれた田舎町にある「サンシャインハウス」というセンターに到着しました。

教祖様のようにあごひげをはやしたギリシャ人の先生と、タイに長く住んでいたというイギリス人の夫婦がやっているセンターで、ヨガ、タイマッサージ（なぜギリシャでタイマッサージなのか!?）などの研修、スチームバスでからだを休め、庭ではオーガニック農法で野菜をつくり、その野菜で料理をする、というようなところで、癒しを求めて、世界のあちこちから人々が集まっているようです。

木陰でギリシャ料理の講習会

今日のコースは、まずヨガを一時間。次に、スチームバス。前に座っている人の顔が見えないくらいのスチームの中に一五分くらい。チョー気持ちよかったです。

そのあと、ギリシャ料理の講習会。フマス、イワシ料理二種類、グリークサラダ二種類、パプチャイカというナスの中にトマトソースを入れてオーブンで焼くもの、それにデザートはブドウのしぼり汁にオートをブレンダーで粉にしたものをまぜて、煮て冷やしたもの……。

二〇人を二組に分けて、半分ずつ交代したので、前半にお料理した人たちは違うお料理を習っていました。あわせて一〇種類くらいの手づくりお料理で遅い昼食。青空のもと、大きく枝を広げた桑の木の下でのピクニック。とてもとてもおいしかったです。お礼に歌をということで、まずは船の中でおなじみになった『北国の春』という歌にあわせた健康体操を披露しました。そのあとは、例によって、「しあわせなら……」をリヒトさんの解説を入れて、みんなで歌いました。

そのとき、リヒトさんが「78歳です!」といったらみんなが驚いて、ヨガを教えてくれた女性がすぐに飛んできて、「そんな年とはぜんぜん思わなかった。よくやりましたね」とほめられていました!

というわけで、ふつうではなかなかできないギリシャ体験でした。

イタリア

France　　*Greece*

Italy

チビタベッキアへ

今日（九月二五日）の日の出は七時すぎだったので、いつまでも暗くて、あやうく寝坊するところでした。

朝の講義は、イスタンブールのアヤソフィアの建築の話でした。

アヤソフィアはドーム付バジリカという世界でもめずらしいトルコの建造物ですが、最初の建築は西暦三六〇年、コンスタンティヌス帝によって、総主教会として建てられました。火災や反乱で崩落し、三度目の建て直しが完成したものが現在の建物だそうです。

その壁や柱は多色大理石や色彩のガラス、金箔などを用いたモザイクで覆われ、ビザンチン時代の最高峰ともいわれる美しいモスクです。建築上、四角の建物の上に丸いドームを乗せるのは至難の業だったそうです。そして建築当時は教会だったものが、その後、オスマントルコ帝国によってモスクに代わり、内部のモザイク画は漆喰で塗り固められ、その上からイスラムの装飾が施されました。そして、トルコ共和国に入ると、アヤソフィアは宗教施設ではなく、美しいビザンチン美術とイスラム美術の傑作が混同する博物館になっています。

キリスト教のモザイクが、モスクになった時に漆喰で覆われてしまい、いまはまたそれを復元しようとしている動きがあるのですが（下にきれいなキリスト教のモザイクが残っている）、果たしてそれが良いことなのかどうなのか、という問いかけでした。

午後は、この一週間だけ水先案内人としてピレウスから乗船中のジョン・ピエールいうフランス人・人権活動家の「非暴力と民主主義、二十一世紀、若者による運動の重要性」というレクチャーを聞きました。

フランス出身のジョンさんは四〇年以上にわたって国際的な平和キャンペーンに取り組んでいる人で、現在はよりよい社会づくりのために行動する若者たちを支援するネットワーク「ＪＩＮＯＶ」の会長です。社会変革に必要なのは〝若者たちの行動〟だと、元気よく語ってくれました。

中東各地で起きた「アラブの春」、スペインの経済不安や増税に抗議した「15Ｍ（キンセ・エメ）運動」、ロシアの「プシーライオット」という女性の音楽家たちの運動、ウォール街を占拠した「Occupy Wall Street」など、二〇一一年、二〇一二年は若者が主体になり、世の中に変化をもたらす年になったが、それらの多くは「非暴力」の手段を用いたことが着目すべき点であること。

暴力とはテロや戦争だけを指すのではなく「構造的暴力」は人々を苦しめ、その結果、武力を伴う暴力へつながるので、非暴力のためには、原因になっている「構造的な暴力」をなくすことが必要である。若者たちが声を上げると、警察や軍が武力を使って押さえ込もうとします。そこに対峙することは大きな恐怖をともないます。しかし、そこで若者たちがいかに「非暴力」を貫くか、「非暴力」の価値を信じて行動できるかが重要なのです。若者たちの社会への関心は高く、社会貢献への意識も強い、こうした若者たちは社会に劇的な変化をもたらす可能性を秘めている……と、締めくくりました。

日本の若者たちに聞かせたい話でした！


夕方、久しぶりに二人でのんびりデッキにたたずんで、夕日が沈むのを眺めていました。三六〇度水平線に囲まれて、ほんの少しずつ太陽が水平線に沈み、沈んだあともまわりの雲を赤く照らしているのを見るのは、なんとも感動的です。

船はイタリアに向けてアドリア海を走行していましたが、今朝五時半ごろに、イタリアのチビタベッキアという、舌をかみそうな港町に着きました。めずらしく二日間ここに停泊します。

ローマまで鉄道で一時間半の距離だそうで、ローマまで出ようとも思いましたが、明日はバチカンに行くツアーをとっているので、いずれにせよローマは見られるでしょうし（四回目のローマだし）、今日はのんびりチビタベッキアの街に散歩に出て、あとはゆっくり船で過ごすことにしました。のんびりと街を歩き、せっかくのイタリアなのだからおいしいものを食べたいと楽しみにしていたのに、この数日ちょっとおなかの調子がイマイチなので……、残念です（そんなとき、ピースボートでは、おかゆと梅干が毎日あるので、その点はうれしいです）。

長崎二六聖人と出会う

今日も抜けるような青空、晴天です。港を出て、海岸沿いを散歩してチビタベッキアの町はずれまで歩いていくと、聖フランシスの像があって、その向かい側に古い教会がありました。

それがなんと「日本聖殉教者教会」と呼ばれている教会だったのです。

中に入ると、正面のドームになっている天井の中央に描かれている、着物を着たマリアとイエスの大きなフレスコ画が目に飛び込んできました。そして聖壇の壁画は五面あって、すべて十字架にかけられた二六人の聖人の絵で飾られているのです。そして、その上には日本語で「日本聖殉教者」と書かれていました。

こんなイタリアの小さな港町で、まさか日本の殉教者のために建てられた教会に出会うなんて、考えてもいなかったので、すごく感動しました。

とても聖なる気持ちになって、教会の中には私たち二人以外だれもいなかったので、和服姿のマリアとイエスの絵を見上げながら「アベマリア」を歌ってしまいました。小さな声で歌ったのに、響きがすばらしく、会堂中に響きわたり、気持ち良く歌えました。それでも誰も出てこなかったので、この教会には誰もいないのかもしれません。マリアさまが、「よく日本からきてくれましたね」と喜んで微笑んでくれている気がしました。

当時キリスト教を信じることを禁止されていたのにもかかわらず、キリスト教を棄教しなかったために、一五九七年に長崎で処刑された、信仰に生きたこの二六人を、世界のあちこちで記念しているのを知り、心を打たれました。

この教会は一五九七年に長崎で殉教した二六聖人を記念して一八六二年に献堂されたそうですが、第二次世界大戦で破壊されてしまいました（一八六二年というのは、この二六人の殉教者が教皇ピウス九世によって聖人の列に加えられた年なので、きっとそれを記念して建てられたのでしょう)。

一九五一年の教会再建に際して、内部装飾のために日本人宗教画家・長谷川路可（一八九七〜一九六七）氏が招聘され、壁画作成に着手しました。一九五四年には壁画完成の祝別式が行なわれて、長谷川氏はチビタベッキアの名誉市民賞を授与され、日本でもこの壁画の作成に対して菊池寛賞を受賞したとのことです。

壁画を詳しく見ていくと、まず、正面の天井はドームを半分に切った形になっています。全体がブルーで、中央には桃山時代の装束を着て頭には白いベールをかぶったマリアと、胸に抱かれているイエス。そして左にはフランシスコザビエル、右にはアッシジの聖フランシスが立っています。その頭上に小さな三角形の中に目が描かれている不思議なデザインが目につきました。エジプトのピラミッドにありそうなデザインですが、三角は三位一体、中の目は神の目を示しているそうです。その絵の下に、右から「日本聖殉教者」と書かれています。そして半円形の聖壇後方には、一枚が縦四メートル、横二メートルくらいの五枚のパネルがあり、そこに二六聖人の絵が描かれていたのです。

まず、正面には大きく十字架に磔（はりつけ）になっている神父と、その左に斜めになっている十字架上の神父、そして右手後方にやはり磔になっている白衣の少年（たぶん最年少12歳の聖ルドビコ茨木）の図です。聖人たちの頭には金の光輪が描かれているのでそれとわかります。

正面左は、十字架にかけられている白衣をまとった日本人の聖人四人と、茶色の聖衣を着ている神父二人の図。

正面右は、五基の十字架に白衣の聖人がかけられ、下方にはまさに十字架に縛られようとしている神父二人の図。

着物姿のマリア像と長崎の２６聖人

聖壇の右端には、後ろ手に縛られて荷車に乗せられている白衣の五人の聖人に向かって、町民の姿をした男が〝自分も仲間に入れてほしい〟と嘆願している様子を描いた図です。この男の頭にも金の光輪が描かれているので信者ということがわかります。

聖壇の左端の絵には、上方後ろに海が見え、船も見えます。荷車に乗せられ縛りあげられている聖人と、手前には子供が役人に手を引かれている図です。

そして、その左端の絵の下の一部に、メガネをかけた作者の路可がシャツを着て、手を合わせている自画像が描かれていました。これを見たとき、ちょっと残念に思いました。自分が描いたことを後世に残したかったのかもしれませんが、せっかくのすばらしい聖画が、これで半減してしまった気分になったのです。ミケランジェロは自分が描いたバチカンの聖画に、自画像を描いているでしょうか？


そういえば、同じような二六聖人の壁画を、メキシコのクエルナバカのカテドラルで見たのを思い出します。壁画は幅八メートル、長さ三〇メートルもある大きなもので、そこには長崎で殉教した二六聖人の絵が、まるで見てきたかのように、大阪で捉えられ、縛られて牛車に乗せられ、引き回されてから船で長崎まで送られ、そこで十字架にかけられた物語が描かれていたのです。

絵は素朴な南蛮画のようで、家などの描き方から見ても日本人の絵ではないことはすぐにわかりました。二六聖人のなかにメキシコ人の「フィリポ＝デ＝ヘズス」という神父がいたので、その人を記念して描かれたのかもしれません。だれが描いたのかはわかっていないとのことでした。三〇年以上も前にこれを見たときも、身震いするくらい感動したものでした。

しばらく教会で過ごしたあと、海辺に出て、ちいさなレストランで食事をしました。おいしい海の幸サラダとリヒトさんはシーフードリゾット。私はムール貝を山ほど食べて、おいしい自家製のケーキも食べて、しあわせいっぱい!! やっぱりイタリアはおいしい。お腹いっぱいで、今夜は船の夕飯は抜くことにしました。

そのあと街へ出て買い物をしようと思ったら、ナント午後一時から四時まではほとんどの店が閉まってしまうのです。まだシエスタ（昼寝）の習慣が続いているようです……。日本ならいちばんお客さんが多い時間帯なのに、信じられないことです!

仕方なく街を歩いたり、教会に入ったりして、なんとかお店が開くまで頑張って、いくつか買い物をすることができました。というわけで、久しぶりに寄港地でのんびりした日を過ごすことができました。

バチカンへ

次の日は朝早くからツアーバスでローマ、バチカンに向かいました。

昨日も感じたのだけれど、「ローマ」というと、その昔（もう五〇年もむかし！）小さい車が全速力で走っていて、道を横断するのも怖かった印象が強かったのですが（あの『ローマの休日』でもそんな場面がありましたよね?）、今回はみんな静かに運転していて、しかも歩行者が横断歩道に入ると、絶対に止まってくれるので、びっくりしました。なにしろインドやエジプトでは、信号があっても関係なく無視して走っていたので、道を横断するのがひと苦労だったのですが、ここに来てイタリア人がものすごい〝文明人〟に見えました！

バチカンの博物館、美術館をまわってきましたが、なにしろすごい人で、ゆっくり鑑賞するなどという気持ちになれず、せっかくすばらしい芸術品に囲まれているのに、残念でした。ガイドさんに聞いたら、この混雑は一年中なのだそうです。

システィーナ礼拝堂も、まさにスシ詰めという感じで、もし誰かが押されて倒れたら将棋倒しになるのでは、と心配するくらいの人・人・人でした！

バチカンの大聖堂も人であふれていましたが、さすが大きくて、ここでは余裕をもって歩きまわることができました。ミケランジェロの『ピエタ』も、昔はすぐそこにあったのに、いまではガラスの囲いの向こうに追いやられていて、残念です。

久しぶりにフォロ・ロマーノやコロッセオも見られ、ローマ、バチカンを楽しんだ一日でした。

リヒトさんの万歩計によると、今日一日の歩数は一万二〇〇〇歩だそうです！

フランス

Spain *Italy*

France

ムージャン村での休日

昨夜はすごい暴風雨で、船がかなり揺れていました。

それでも、寝ているうち、朝八時にはカンヌに到着してしまいました。

これがクルーズの醍醐味でしょうね。飛行機なら荷物を持って飛行場に行って、またホテルについて荷物を開けて、ということになりますが、ここでは、ただ部屋で寝ているだけで連れて行ってくれるのです！

ここでは岸壁に着岸することができず沖合に停泊して、テンダーボートで上陸しなければいけないのに、波が高くてなかなかボートと船の間の足場が取り付けられないで、結局、上陸できたのはお昼になってしまいました。陽が照ったかと思うと大粒の雨が降るというおかしなお天気で、せっかくのカンヌなのに残念なお天気でした。

船の半分くらいの人たちはツアーで「モナコ」に行きました（本当はモナコに寄港の予定が、モナコで何かがあるために寄港できなくなり、カンヌに代わったので）。私たちは自由行動です。

カンヌは町全体がお店とレストランばかりの高級リゾートという感じで、あまり魅力も

ムージャン村での休日

感じなかったので、バスで三〇分ほど行ったところにある「ムージャン」(Mugines) という、静かな村に二人で行ってきました。

ここはピカソ（一八八一〜一九七三）が晩年を過ごして亡くなったところだそうです。カンヌに近い避暑地ということで、有名人が（イヴ・サンローラン、カトリーヌ・ドヌーブ、クリスチャン・ディオールなど）たくさん別荘をもっているとのこと。

歩いて登った丘の中腹に、大邸宅がたくさん立ち並んでいました。細い路地にレストラン、カフェ、アトリエや可愛いお店があって、どこも絵になる風景でした。雨が降ってきて休んだカフェは、画廊に三つばかり低いコーヒーテーブルがあって、ソファーがおいてあるような、素敵なちいさなギャラリーでした。

歩いているとオルガンの音が聞こえたので行って見たら、小さな教会でオルガニストが練習していたので、しばらく座って聴いてきました。ちいさな写真美術館にはピカソのさまざまな写真が展示されていました。というわけで、今日は街の喧騒を逃れて、二人で静かな時をすごしました。

昨日はイタリア語、今日はフランス語で、頭が混乱していますが、フランス人もこのごろはよく英語を話すようになったので（昔は英語がわかっても絶対にフランス語で返事がかえってきたのに）、よかったです。

一晩寝たら今度はマルセイユに到着です。ここには二日停泊します。

セザンヌを訪ねて

もう今日で九月も終わり。船ではカレンダーがない生活をしているので、曜日を意識していませんでしたが、今日は日曜日でした。いままでずっと夏服と素足でサンダルの生活でしたが、昨日から久しぶりに靴下をはいて、靴をはいて、長袖を着ています。

一日目はツアーで「エクス・アン・プロヴァンスとセザンヌのアトリエ」に行ってきました。ここは一度来たことがあって、好きな街だったのと、そのときセザンヌ（一八三九〜一九〇六）のアトリエまで行かれなかったので、今回はぜひ行きたかったのです。

残念だったのは、曇りときどき雨というお天気だったので、セザンヌが愛した山の景色が見られなかったことです。それと、日曜日だったので、お土産屋さんを含めて、ほとんどの店が閉まっていたのが残念でした。セザンヌも通ったという、有名なレストランで食事をしましたが、前菜がサーモンで、メインもタラの魚料理だったので、うーん、ちょっとね。というわけで、せっかくフランスにいるのに、まだおいしいフレンチに出会っていません。

セザンヌ自身が設計したというアトリエは、エクス・アン・プロヴァンスの郊外にあり、木立の中にひっそりと立っていました。ここで亡くなるまでの晩年四年間を過ごしたそうです。制作部屋は天井が高く、ガラス窓の大きな明るいアトリエでした。

ここは一九〇六年に生涯を閉じた時の状態で保存されているそうで、イーゼルや絵具などがそのままの状態で置かれています。テーブルの上に置かれた果物や水差しなどは、彼の静物画で見たものばかりで、セザンヌのここでの生活を想像することができました。

マルセイユへ

とうとう暦が一〇月にかわりました。

今日は、昨日とうって変わって抜けるような青空です。

マルセイユでの自由行動なので、朝ご飯も食べずに街にでました。ボートのごはんに飽きてきたのと、フランスでクロワッサンを食べなきゃと思い、街のカフェに行き、おいしいカフェオレとクロワッサンの朝ご飯が食べられて幸せでした。

朝は寒くて、上着を着ていましたが、日が昇ってくるとすごい日差しで、日なたに出ると半袖でも暑いくらいでした。それでも日陰に入ればさわやかで、快適な気候です。

マルセイユを見下ろして

マルセイユの丘の上にそびえるノートルダム寺院まで、一時間くらいかけて、がんばって徒歩で登りました。上からの景色は海抜一五四メートルにあるので、四方から、はるか地中海も見わたせて、登った達成感も相まってすばらしいものでした。ロマネスク・ビザンチン様式の壮麗な礼拝堂には、船旅の安全を願うためなのか、船の絵が多く掲げられていました。

そのあと、街に下りて、ぶらぶら買い物をしましたが、リヒトさんはやっぱり本屋です。フランス語の本しかないのに、一時間いても退屈しないようです。さすがにイタリアで、イタリア語の本は買いませんでしたが、フランス語の本は四、五冊買っていました。せっかくマルセイユにいるのだから、ブイヤベースを食べようと思っていたのに、リヒトさんの急用で（トイレ!?）目の前にあるレストランに入ることになり、おいしいサラダとピザを食べました。おいしかったですが……（フランスでピザですかね?!）。

四時が帰船リミットなので、なごり惜しいマルセイユとお別れして船に戻りました。このところ、ちょっと船の食事は食傷気味で、昨晩も抜きました。明日はバルセロナです。もう、英語も、イタリア語もフランス語も混ざって、今日も気がついたら「Si」なんて返事をしていました本当は「Oui」なのに……。

明日のスペイン語はどういうことになるでしょうか。

スペイン

Morocco *France*

Spain

聖地モンセラットへ

さて、今朝はスペインのバルセロナに到着しました。

地中海はさすがに豪華客船がたくさん来ていて、すぐお隣りに一〇万トン級の「Royal Caribbean」が停泊したら、ピースボートは見下されているようで、ちょっとかわいそうでした……。

おもしろい違いは、その豪華客船ではせっかく寄港しているのに、デッキには観光にも行かないでプールサイドにデッキチェアを所狭しとずらーっと並べ、隠しているところがないくらい露出している水着姿で日光浴をしている人が鈴なりなのです。ピースボートの女性たちといえば、日焼けなんてとんでもないとばかり、長袖、長ズボン、顔も見えないほど深々と帽子をかぶり、手袋まではめている人がいるほどの完全日焼け対策で、リュックをかついでの出立です。

その、あまりの違いに思わず笑ってしまいました！

バルセロナはもう何回か来ているので、今日は思い切って、二人で電車に一時間半くらい乗って、カタルーニア地方の、標高一二三五メートルの山中にある「モンセラット」というところに行ってきました。

奇岩に抱かれたキリスト教の聖地といわれていますが、十二世紀にひとりの羊飼いの少年が洞窟で黒いマリアとイエスの像を見つけて以来、聖地になっているということです。

ワーグナーのオペラ『パルシファル』の舞台背景にもなっているそうです。郊外列車からロープウェイに乗り継いで、たどり着いたところは、すごい大きな岩山の

岩山にあるモンセラット修道院

真っただ中で、そこに忽然と立派な修道院が建っていて、びっくりしました。
いつもはお昼に礼拝堂で少年合唱団の演奏があるというのに、今日は演奏旅行中とのことで、残念でした。
今日も快晴で、真っ青な空にさまざまな風貌をした数々の岩山がゴツゴツとそびえていて、不思議な光景でした。そこからまたケーブルカーに乗って、奥にある修道院を目指し

て一時間くらいハイキングしました。

別のケーブルカー（フニクラ）では、その羊飼いがマリア像を見つけた洞窟が教会になっていて、そこに行ってきました。その教会に行く道には一〇〇メートルおきくらいに一五のモニュメントがあって、それぞれ、キリストにちなんだ彫刻がなされていて、すばらしいコースでした（ガウディの作品もありました）。

というわけで、今日はすごーく歩きました。

リヒトさんの万歩計によると二万五〇〇〇歩だそうです！　どうりで、疲れたわけです。でも、疲れを感じないくらい、気持ち良いハイキングができました。電車が一時間に一本しかないようなところですが、午後七時すぎにはバルセロナの街に戻って、念願のパエリャを食べました。おいしかった！

朝八時に船を出て、部屋に戻ったのが午後九時。帰船リミットが一〇時なので、セーフです。

今週は地中海のおいしいものばかり食べたので、明日からまた船の食堂の食事に戻ると思うとちょっと……。

モロッコ

Canary Islands　*Spain*

Morocco

田部井淳子さん

今日は久しぶりの船上です。

今朝はめずらしく四階のメインレストランに朝ご飯を食べに行きました。

案内されたのが四人テーブルで、そこに二人で座っていたら、あまり見かけない二人連れがやはり案内されて向かいの席に座りました。

「おはようございます、木村と申します」

とあいさつしました。すると、その男性の方が、

「タベイです。よろしく」

とおっしゃるのです。そして、ナント、相手の女性を見たら登山家の田部井淳子さんだったのです！　バルセロナから水先案内人としてご夫婦で乗船していらしたのです。私は以前に田部井さんの講演を聞いたことがあり、そのエネルギーに圧倒されてファンになっていたので、朝食のテーブルで個人的にいろいろお話ができてラッキーでした。

そして、今日すぐに、田部井さんの講演会がありました。

昨夜、日本から到着したばかりで、飛行機もトラブルがあったとかで、とっても疲れて

るご様子だったのに、話を始めると、すぐ元気をとり戻し、あの田部井節が始まりました。

山に興味を持ち始めたのは小学生の時だそうで、信じられないことですが、そのころは病弱で、体育の授業で逆上がりもできないほどだったそうです。小学校の先生に連れて行ってもらって山に登ったとき、競争もなく、ゆっくりでいい、つらいと思っても、だれも代わってもらえない、ふだんはとてもかなわない男の子たちとも同じ頂上に立てたこと、登山を通して感じた、その達成感に強烈な印象を持ったそうです。

以来、山に魅せられ、山に登りたいと思ったけれど、当時の山岳部は男子だけしか入部できなくて……それでもやっと女子も入れてくれるところをみつけて、山登りにあけくれていたそうです。

一九六九年には女性だけでエベレストに登ろうと「女子登攀《とはん》クラブ」を設立して、エベレストに挑む準備を始めました。

女性だけでエベレストに登頂したとき、まだお子さんが3歳だったそうです。夫がやはり登山家で、理解があったからよかったのでしょう。準備に三年かけたという話で、水筒は重いのでマヨネーズの容器を使ったとか、トイレットペーパーも中の芯を抜いて持っていくほど、重量を減らすのに苦労したということでした。食料品は、調味料はすべて粉末、お米も特別な乾燥米をつくってもらったりしましたが、それでも荷物は三か月分で四トンになるそうです。それを運ぶシェルパだけで一キロメートルの行列になったそうです。たいへんなことですね！

そして一九七五年に、念願の女性だけのエベレスト登頂に成功します。その後も世界各地の名峰に挑んで、女性初の〝七大陸最高峰〟の登頂を達成しています。

「やろう！」という意志はお金で買うことはできません。誰かからもらうこともできません。やりたいと思ったことは、絶対にあきらめないで、あらゆる可能性を見つけだして挑戦し続けることが必要、という力強いメッセージでした。

ところで、船を降りしばらくして、田部井さんがじつは、このときガン性腹膜炎Ⅲ期のCで、余命三か月という宣告を受けていたことを知り、心底びっくりしました。そして、その宣告など無視して、その後も抗がん剤の合間に山に登り続け、いまでも福島の被災者たちとハイキングを続けたりと、毎日挑戦していらっしゃいます。

おまけに舞台でシャンソンまで歌われるとか！　ガンもそのエネルギーに負けて逃げてしまったのではないでしょうか。

田部井さん、お元気で、これからも私たちにパワーを分けてください！

いま船はスペイン沖をジブラルタル海峡に向かって航行しているので、海域が狭くなり、遠くに陸地が見えています。山が灰色の濃淡で、とてもいい景色が続いています。絵の才能があったら、きっといい絵が描けるのに、とちょっと残念です。

昨日に続いて、また一時間時計の針をもどしたので、日本との時差は九時間になりました。朝早く目が覚めたので、久しぶりに六時からの太極拳に行ってきました。後方デッキだったので、ちょうど朝日が昇るのを見ながら身体を動かして気持ち良かったです。ジブラルタル海峡では、イルカがいるかもしれないと、みんな目をこらしたのですが、残念ながら見られませんでした。

ジブラルタル海峡は、ヨーロッパ大陸の南部と、アフリカ大陸の北部の間の海峡ですが、狭いところはその幅が一四キロメートルということで、右手にスペイン、左手にモロッコを見ながら船は地中海を抜けて、大西洋に出ていきました。

カサブランカへ

モロッコのカサブランカに着きました。

モロッコというのはアフリカ大陸の北西にあり、ジブラルタル海峡をはさんで、スペインの南に位置しています。主な民族はアラブ人（65％）やベルベル人（30％）で、公用語はアラブ語ですが、都市部ではフランス領だったのでフランス語も使われています。

カサブランカ（白い家）という名前から想像すると、映画のタイトルにもなっているし、何かとてもエキゾチックな街を連想していたのですが、残念ながら現実は、エジプトと同じようにゴミと喧騒の街でした。地下鉄をつくっているとかで、町中が工事中で、ハンフリー・ボガートとイングリッド・バーグマンのイメージはもろくも崩れてしまって残念でした。

巨大なハッサン2世モスク

今日、私たちが選んだツアーは「カサブランカ観光とモロッコ家族の邸宅訪問」です。

まず、前国王ハッサン二世の発案で、一九八六年から八年かけて建造されたという、モロッコ最大のモスク「ハッサン二世モスク」を見学しました。高さ二〇〇メートルの世界一高い「ミナレット」が大西洋に向かってそびえ立っているので、どこからでもよく見えます。内部には二万五〇〇〇人、敷地には八万人が一度に礼拝できるというのですから、想像がつくでしょうか？　その中に野球場かサッカー場が入りそうな、それほど巨大な広さです。

建築は伝統的な建築工法を用いて、床一面にタイルが敷き詰められているのですが、モロッコ全土から三三〇〇人もの職人が集められ、すべて手づくりで緻密な装飾を施されたと、ガイドさんが得意そうに教えてくれました。地下には立派な身体を清める泉や、大きな浴場、神学校、図書館、博物館、カフェなどが併設されていて、そのすべてが税金と寄付金で建てられたそうです。とにかく、すべてがドでかいモスクでした。

モロッコ邸宅訪問

そのあとは、モロッコ家族の邸宅訪問です。

少人数に分かれて、それぞれ家庭に行くのかと思ったら、ナント、大邸宅に五六人全員そろっての訪問でした。それだけの人数が入る家だからたしかに大邸宅で、プールもある芝生の庭にテントを張って、その中に白いテーブルクロスがかかり、バラの花のアレンジメントが中央にある丸テーブルを六つ並べて、まるで結婚式のガーデンパーティーのようでした。ビジネスマンで旅行会社も経営しているというモロッコ衣裳で正装のご主人と、素敵な絹の民族衣装を着た奥さん、抱えている赤ちゃんまで、民族衣装に帽子までかぶって迎えてくださいました。

ところが、迎えられるこちらのほとんどの人はズボンにスニーカー、帽子をかぶってリュックを背負って、という典型的な日本人のツーリストスタイルで、ひどいミスマッチ！　こんな大邸宅での正式なお食事なら、ちゃんとドレスコードを前もって知らせてほしかったです。

モロッコ風お茶の入れ方

ランチは、蓋のついた大きな丸皿の銀器に盛られたチキン、クスクス野菜入りなどのモロッコ料理の数々、お客様には欠かせないというミントティーとフルーツのデザートで、おいしくいただきました。白の制服を着たボーイさんが、モロッコ式に銀のポットを高々と上げ、そこからティーを注いでくれたりして、いたれり尽くせりでした。
そのあとは、おみやげ屋さんに連れて行かれて〝ご自由にどうぞ〟というのですが、あまり欲しいのはありま

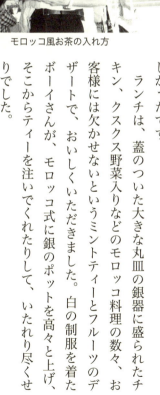

せんでした。リヒトさんはいつものように、「本屋を探してくる」といって出て行ったまま戻らず、集合時間に遅れて、駆け足で帰ってきました。本屋がシエスタで三時まで閉まっていたので、それから中に入って見て、フランス語の本を買ってきたというのです。集合時間が三時一五分なのですから、間に合うわけがありません！　本となるとすべてを忘れてしまう人なのです。困ったことです。

カナリア諸島

Atlantic Ocean　　Morocco

Canary Islands

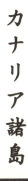

憲法九条の碑が……

モロッコから一昼夜航行して、今日はアフリカ大陸の北西沿岸に位置しているカナリア諸島の中の火山の噴火でできた島、グランカナリア島のラスパルマスに着きました。ヨーロッパ（アフリカかな？）最後の寄港地です。ここはスペイン領なので、公用語はスペイン語です。

まぶしいほどの青空。今日も快晴です。

ここには、日本の憲法九条が書かれている碑があるというので、そのツアーに参加しました。向かったのはテルデ市という小さな街です。

一九八二年に、スペインが「北大西洋条約機構」（NATO）に加盟した際、テルデ市議会はそれに異議を唱えて「非核宣言」をしました。その動きのなかで、日本の平和憲法がテルデ市民の指針となって、一九九六年に「ヒロシマ・ナガサキ＝プラザ」という名前の広場をつくり、そこに「憲法九条」の碑を設置しているというのです。

行ってみると、ヒロシマ・ナガサキ広場は街角にある小さな広場ですが、そこに日本の家をイメージしたという家（というより小屋）が建っていて、その壁にタイルでできたパネ

タイルがはがれおちた９条の碑

ルが張られ、憲法九条がスペイン語で書かれていました。

白地のタイルにブルーの字で書かれていて、二五年も経っているので、タイルがはがれているところもありました（市は財政困難で修理する予算が出ないということでした）。

日本からみたら、地球の裏側にある、こんな地の果てのようなカナリア諸島の小さな街が、日本の憲法を大切に思い、街の真ん中に飾っているという現実を〝自分の目〟で確認できたことは、感激でした。参加者で相談して、ピースポートで募金をして修理してもらいましょう、ということになりました。

このテルデの旧市街は、真っ白な壁の家が続いていて、どこを見ても絵になりました。これぞ、私が心に描いていた〝カサブランカ（白い家）〟です！

最後にきれいな街で過ごせてよかったです。

ツアーが終わって船に戻りましたが、まだ帰船リミットの午後八時まで時間があったので、二人でまた街に出て、近くのビーチを散歩しました。今日は日曜日なので、町中のショップはほとんど閉まっていましたが、ビーチは湘南海岸くらいの人がいて、みんなパラソルの下で、あるいは砂浜で日光浴をしていました。ちょっと見ると、トップレスの女性もかなりいて……楽しかった（?）です。

これから一〇日も大西洋上で過ごすことになるので、最後においしいものを食べようと、レストランに入って、私はサラダとシーフードのスープ、リヒトさんはパスタを食べ、満足でした。お昼はパエリャを食べたので、これで思い残すことはありません。

ヨーロッパでは靴下を履き、長袖を着ていましたが、また裸足でサンダル、半袖の服装に戻りました。

大西洋横断

Jamaica *Canary Islands*

Atlantic Ocean

大西洋へ

大西洋を航海中ですが、今朝の日の出は八時なので、朝七時に九階のデッキで朝食を食べているときはまだ、空に月と星が輝いていました！

食べ終わって、しばらくデッキを歩いていたら、やっと水平線から太陽が昇り始めたので、しばし眺めていました。

今日はリフレッシュデーで、プログラムは何もありません。だからゆっくり寝ている人が多いのでしょう。朝の食事もまばらでした。それと、昨日から一一日間の「マチュピチュ・ナスカ」のオーバーランドツアーに行っている人たちがたくさんいるので、それで静かなのかもしれません。一二〇人も行っているそうです！

ブロードウェイでは映画をやっているし、部屋のテレビにも別の映画が流れています。若い人たちは洋上運動会の企画で盛り上がっているようです。

今日はちょっと夕食の時間に遅れてしまったので、九階のデッキで食べました。九階ビュッフェは時間制限がありませんし、テーブルも自由です。こちらのメニューはブタのショウガ焼き丼。四階メインレストランはバラチラシ。こちらはデザート付ですが、ま、どうという違いはありません。四階の食堂だと八人くらいのテーブルなので、みんなと話をしなければならないので、それはそれで楽しいのですが（それでも下向いて誰とも話をしないで、食べ終わるとすぐにいなくなる人もありますが……）、それが嫌な人は九階で、ひとりでのんびり食べている人もいます。総じて九階は若い人が多いです（四階で一度食べて、また九階で食べている人も多いようです）。

朝食も九階にはパンケーキやシリアルがあるので、たいていの外国人はこちらに来ています（下はヒジキの煮つけと、焼き魚、みそ汁におかゆに梅ぼし、という感じ）。セルフサービスなので、どれだけ取ってもいいので、山盛り食べている人がたくさんいます。

今日の日の入りは八時すぎ。ちょうど一二時間の日照時間でした。

コロンブスの話

今日はスペイン語のクラスメートのヨシさんの二回目の自主企画で「コロンブス」についての講義がありました。

コロンブスについては、英語ではコロンブスだけれど、イタリア語ではコロンボ、スペイン語ではコロン、と呼び名が違うというのも初めて知りました。私たちがいま一〇日間で航海している大西洋を、当時は二か月以上かけてわたったとのことですが、どんなに不安だったでしょう。季節的にも同じ時期に、私たちと同じコースでスペインからカリブ海を航海していたという話は、臨場感があって面白かったです。

「地球は丸い」とわかっている今でも、水平線を見ていたら、あの先はどうなっているのだろうと不思議に思うのですから、まして、まだそれも信じられない世の中だったその時代の航海は、どんなにか勇気がいったことだろうと、改めて思わされました。

今夜はパーティーディナーでしたが、もう着替えるのも面倒だから九階ですませようと思ってメニューを見たら、九階は親子丼、四階はフォアグラのパテ、ボルシチスープ、サーモンのムニエル、ストロベリーチーズケーキ、というので、心が動いて、やっぱり、ちょっとおしゃれをして四階に行ってきました。

ダンスをする人はディナーのあと、フロアが用意されているので、ダンス用のドレスを着ていましたが、ほかの人はあちこちで買った民族衣装を着ている人もたくさんいるし、パーティーディナーだということにまったく気がつかないで、Tシャツで来ているおじさんもいるし、あまりフォーマルとはいえないディナーでした。

食後はバンドが入って踊っている人たちもいましたが、私たちはさっさとスポーツウェアーに着替えて、デッキを三〇分ばかり歩いてきました。

まだ大西洋上ですが、また時差が一時間生じたので、日本との時間差は一〇時間になりました。だんだんとアメリカ大陸に近づいています。一時間増えたせいか、早く目が覚めて、暗いうちから起きだしてデッキを歩いてきました。みんなと一緒にラジオ体操をして、ピラティスのクラスもあり、体調は上々です。

そのあとは三日後に開催される洋上運動会のために、「青組」集合で、応援歌などを練習してきました。運動会は誕生日の月で赤組・白組・黄組・青組に分かれて戦うことになっています。

運動会のコンセプトは「みんなで翔ける未来の虹」――。

私は青組。リヒトさんは黄色組だけど、あまり関心ないようです。

ピレウスからのオーバーランドツアーで、四日間のアウシュビッツ強制収容所ツアーに行ったグループ二六人の報告会があったので、聞きに行きました。

若い人も高齢者も一緒になって、構成詩の朗読劇をしたり、映像と一緒に感想を述べたり、なぜ、これほどの大量虐殺があったのか、党や国家の敵は徹底的に排除するナチズムとは何だったのか、ひとりひとりが正面から「アウシュビッツ」と取り組んでいる様子が見てとれて、〝まさに、ピースボート！〟という感じの、とてもいい集会でした。

戦争末期、ドイツ兵は大量虐殺の証拠を隠ぺいするために、収容所を自ら破壊しました。何百万人のユダヤ人が押し込まれたガス室も、木材の壁も燃え、レンガの煙突だけが残りました。この〝ホロコースト〟の事実を忘れないために、「傍観者になってはいけない」、というメッセージは、アウシュビッツだけでなく、現在進行中のさまざまな出来事にもいえることだと、胸に刻みました。

そういえば、先日来、テルデ市の「九条の碑」を修理してもらうために船内で募金をしたのですが、七〇〇ユーロ（八万五千円）も集まりました。これできれいな碑にお化粧直しができるといいのですが……。

ボブ・マーリーって？

さて、カナリア諸島のラスパルマスから魅力的な二人の水先案内人が乗船してきました。ひとりはドニーシャ・プレンダーガストさん。女優で、〝レゲエの王〟といわれているボブ・マーリーの孫娘の27歳。

もうひとりはノルマ・ルシア・ベルムデスさん。コロンビア人で元女性ゲリラ兵だったという人です。どんな話なのか、聞く前から興味津々です。

午後にさっそくドニーシャの「ボブ・マーリーの人生とその軌跡」という話がありました。私は今日までボブ・マーリーなんて、全然知らなかったのですが、ボブ・マーリーは、カリブ海に浮かぶ小さな島国ジャマイカの、貧しい地域限定の音楽ジャンルだった「レゲエ」を、世界の舞台に押し上げた人とのこと。その壮絶な人生を聞き、感動しました。

ドニーシャが語ってくれたボブ・マーリーの生涯です。

ボブ・マーリーは、一九四五年二月六日に、ジャマイカ北部のセント・アン地区のナインマイルという街で生まれました。父親は61歳イギリスの軍人、母親は18歳のアフリカ系のジャマイカ人でしたが、父が死に、経済的に行きづまり12歳でキングストンのトレンチタウンに移り住んだのでした。トレンチタウンというのは、地方から職も金もない人間が集まって来てスラム街をなしている場所で、そこで彼の音楽的な基盤がつくられたようです。

レゲエは六〇年代にジャマイカで誕生した新しいジャンルの音楽で、そののんびりとしたリズムはジャマイカの自然や人々の暮らしに、どこか通じるものが感じられるものです。シンプルだけど力強く、ゆったりとしているけれど心に響く音楽——。それは心臓の鼓動にも似ているともいわれています。

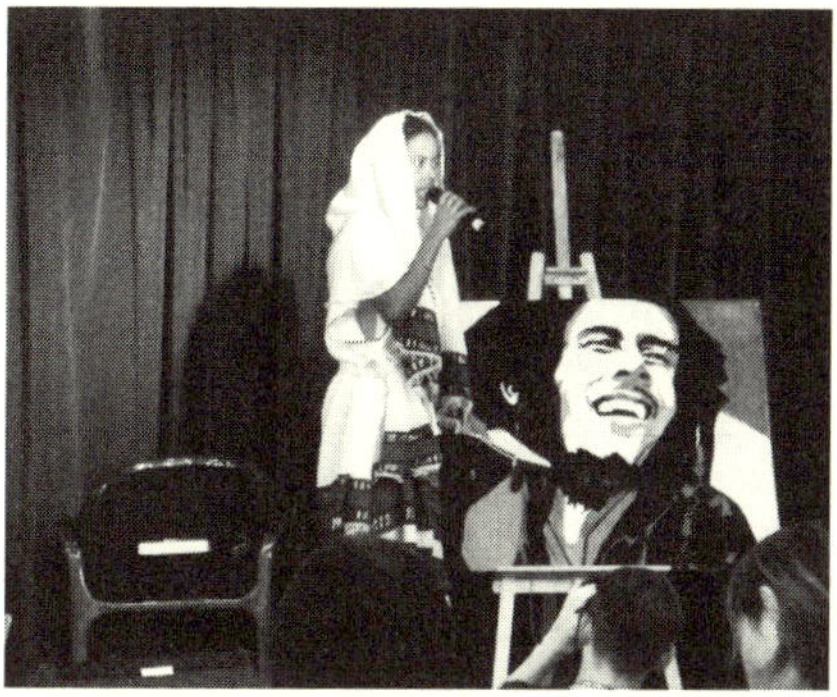
ドニーシャとボブ・マーリーの肖像画

ボブ・マーリーは、一九六五年「ウェイラーズ」というバンドを結成して、社会からはみでた人間たち、そしてトレンチタウンのことを歌った歌が、七〇年代に入って驚くほどの勢いで世界中に広まっていきました。

そして、そのリズムに〝ラスタ〟のメッセージを乗せて、レゲエとともにラスタファリズムの精神を伝えていったのでした。「ラスタファリズム」というのは、一九三〇年代に活躍したジャマイカ出身の社会運動家、マーカス・ガーベイがアフリカ回帰を唱えたことから始まったもので、一種のアフリカ精神を取り戻すための宗教ともいえるものです。自然を大切にするゆえにアイタルフードという自然食を食べ（菜食主義）、髪の毛も生まれながらのものを切らずに伸ばすため、縄のれんのようなドレッド・ロックスという髪型です。こうしてラスタマンのシンボルのヘアー、カラーが生まれたのでした。彼の生み出す音楽は、人が生きていく中で、ぶつかる困難を、真に生き抜く勇気と智恵を与え、聴く人の魂の奥深く入り込む音楽でした。

一九六七年、ジャマイカが政治混乱に陥り、敵対する政党間での暴力が日常茶飯事になっていたとき、ボブ・マーリーは、平和を呼びかける「スマイル・コンサート」を企画しました。けれども、そのコンサートの二日前にボブ・マーリーと妻のリタ、そしてバンドメンバーが襲撃されるという事件が起こります。葛藤のすえ、負傷した身で「スマイル・コンサート」に出演し、平和を訴えた伝説の人だということを知りました。

「祖父は、理不尽な暴力が行なわれたことに、そしてそれを止められなかったことに対して、自らの身を呈してそして平和の意識を示したのだと思います」

その後、自身や家族の安全のためにジャマイカを離れましたが、一九七八年「ワン・ラブ・ピース・コンサート」を開くために祖国に戻ってきました。

二つの政党が敵対して混乱を極めているなか、「平和を模索し企画されたこのコンサートに、ボブは両政党の党首をステージに招き、互いに握手させたのでした。これは音楽がポジティブな変化をもたらす〝原動力〟になることを示した、最初のきっかけになりました。その握手の瞬間、空には雲がたちこめ、雷が鳴ったといわれています。これは変化の兆しと思わずにはいられないのです」と静かに語るドニーシャは、とてもチャーミングでした。

ボブ・マーリーもレゲエもまったく知らなかった私にとっては、すべてが新しい発見でした。

今日は船がかなり揺れています。といっても、最初にあの台風を経験しているので、誰も驚いていませんが……。

女性ゲリラだったノルマさん

コロンビアの女性ゲリラだったというノルマ・ルシアさんの初めての話がありました。スピーチがスペイン語なので、それをスペイン語のＣＣが日本語に訳し、英語が必要な人にはその日本語から英語に訳す（これは必要な人だけイヤホーンで）という二重通訳でした。

ノルマさんは推定年齢五〇代の、とてもチャーミングな女性で、「この人が本当に〝女性ゲリラ兵士〟だったの？」……と、にわかには信じられませんでした。現在は地域や大学で平和教育を実践しているそうです。

今日の話は、ラテンアメリカを知るための入門編、「ラテンアメリカってどんなところ？」でした。

山脈や高原、河川など豊かな自然に恵まれたラテンアメリカは、動植物の宝庫です。そして、もともとそこで暮らしていた先住民に加えて、アフリカやヨーロッパにルーツをもつ人々も多く暮らしていることから、自然環境だけでなく、文化の多様性も垣間みることができます。音楽だけをとってみても、アルゼンチンのタンゴ、ブラジルのサンバ、コロンビアのサルサ、カリブ海のレゲエなど、豊かな文化があります。

ラテンアメリカにはマヤ文明やインカ、アステカ文明など、数多くの古代文明が栄えましたが、一四九二年以降スペインやポルトガルをはじめ、ヨーロッパの植民地支配で、先住民への弾圧、虐殺が行なわれました。

そして近代以降は「アメリカの裏庭」として、長いこと、政治的にも経済的にもアメリカの干渉下にあり、利用され続けているのです。その結果、貧困層が拡大しているとのことです。

「世界一おいしいコーヒーを生産している国」と、ノルマさんが胸を張って紹介するコロンビアは、地雷、国内避難民、貧困などの問題に現在も直面しているそうです。ノルマさん自身も紛争下のコロンビアで、一時は「女性ゲリラ兵士」として活動していました。軍やゲリラにとどまらず、一般市民や国際社会を巻き込んだ南米の紛争とは、いったいどのような背景で起こったのか、次回の話が楽しみです。

お昼には運動会の「青組」の応援歌と応援ダンスの予行演習があって、五〇人くらい集まりました。「青組」はドラえもんがテーマで、ダンスも歌も自作自演。企画に関わっている若者たちは全力で、この運動会にエネルギーを費やしているという感じです。運動会の本番はあさってです。

そのあとは「脱原発でファイナルアンサー？」という企画で、3・11とは何だったのか、世界のリアクションは？　そして福島の人たちの心境は？　安心して暮らせる社会を築くため、私たちは何をすべきかなど、今回は参加者でグループに分かれて、ロールプレイをして話し合いをするゲームがありました。

それぞれ、「福島県民」、「福島以外の日本人」、「外国人」、の三つのグループに分かれて、それぞれの立場を話し合いました。時間が短かったこともあり、話し足りない人たちが、講座が終わっても延々と熱く話し続けている人たちがたくさんいました。


今朝も時差が生じて、日本との時差は一一時間になりました。

朝早く目が覚めてしまったので、デッキに出てみました。明け方の星空がとてもきれいです。ここでしか見られないといわれている「カノープス」という、いちだんと光輝く星を教えてもらいました。これを見た人は幸せになるそうです!

今日、一〇月一二日は「コロンバスデー」――。アメリカでは祝日で休日だったのを思い出します。でも考えてみると、これは植民地を征服した側に立ったお祭りだったわけです。コロンバスはアメリカ大陸を「発見」したかもしれないけれど、アメリカ大陸にはちゃんと原住民の人たちが生活していたのですから……。

今回は、同じ時期(季節)に、コロンバスと同じルートで大西洋を航海しているのは感動です。

ジャマイカってどんな国？

ピースボートの旅も五〇日になりました。あと一か月。楽しみましょう。

今日は「ドニーシャさん、ジャマイカについて教えてください」という講座。次の寄港地がジャマイカのモンテゴベイなので、聴く方も熱が入ります。バナナ、マンゴー、ココナッツなどの果物がおいしくて、ビールがおいしくて、魚がおいしいという話から、歴史に移ります。

スペイン領だったジャマイカは、一六五五年から一九六二年まで三〇〇年以上もイギリスの植民地になり、サトウキビを生産し輸出していました。そのためアフリカからの奴隷たちがその労働力になったので、いまでもジャマイカ人口の九割が黒人とのことです。

レゲエミュージックもアフリカの奴隷たちがルーツで、彼らのアフリカへの帰還、正義、自由そして平等を基盤とした世界の実現を祈る元奴隷たちの反逆精神を表したのがレゲエで、ジャマイカの悲しい歴史が刻まれているのだそうです。陽気なラテンミュージックと青い海というイメージだけでない、新たなジャマイカを発見しました。

今日は、船旅だけでなく災害地でのボランティアもしている「ピースボート災害ボランティア」の活動の紹介を聞きました。昨年の最大台風の被害にあった和歌山県、今年の新潟での豪雪被害にボランティアを募り、奉仕してきました。そして世界から「東日本大震災」にボランティアとして集まった海外五四か国からの三〇〇〇人以上のボランティアを受け入れ、ピースボートの海外ネットワークを生かして被災地に派遣したという体験談に、心が温かくなりました。

このところ、船上は、赤・白・黄・青に染まっています。あさっての運動会に向けて、着るものはもちろんのこと、その色のリボンを頭につけたり、手首に巻いたり、各組とも応援歌の練習にも熱が入り、すでに試合が始まっている気分です。

わが家のリヒトさんは、運動会にはまったく関心なくて、本だけ読んでいますが……。

洋上運動会

今日は大西洋上での大運動会。テーマは「みんなで翔ける未来への虹」です。

めずらしく朝からどんより曇っています（カンカン照りよりいいけど……）。

そして、船の中は、赤・青・白・黄で色分けされ、きれいです。ときどき小雨が降るお天気のなか、元気に運動会が始まりました。赤・青・黄・白の四組の対抗で、各チームの出席人数も点数になるというので、リヒトさんも仕方なく（？）黄色のシャツを着て姿を見せていました。何しろ九階デッキのプールのまわりが競技場で、そこに四〇〇人以上が集まったのですから、にぎやかなこと！

運動会のひとこま

午前中はムカデ競争、水くみリレー、全員参加の玉入れ、大縄跳びなどがありました。私はムカデ競争にでましたが、何しろ練習もしないでぶっつけ本番、ひとりずつ足をロープでつなぐところからしなければならないので、大変です。五人が縦につながって、「ミギ、ヒダリ、ミギ、ヒダリ」と声を張りあげながら、なんとかコケズにゴールにたどりつきました。

ランチは「カツレツ」でした。ナント日本的な計らいでしょう……。

バーでは、それぞれのチームの色である赤（いちご）、白（カルピス）、青（ブルーハワイ）、黄（レモン）の四色のカキ氷まで用意されていました！

午後の初めは各チームの応援合戦です。それぞれ七分間でチームをアピールする音楽や劇、ダンスなどをして審査員が点数を付けました。このために数日練習で大変だったのです！「青組」のテーマはドラえもん。どのチームも趣向をこらして、楽しい応援合戦でした。が、リヒトさんはお昼寝でした！

午後もみんなが参加するような楽しい競技がたくさんありましたが、だんだんお天気があやしくなって、ついに綱引きの時には雨がポツポツ降りだしてしまいました。足をすべらせながらも、デッキの床をタオルでふきながら、どうにか綱引きを終わることができました。

本降りになり、閉会式は室内でしたが、結果は「白組」の優勝。「青組」は三位でした。若い実行委員の人たちが寝ないで準備したそうで、終わった時にはみんな涙を流していました。

というわけで、大イベントの洋上運動会が終わりました。

ジャマイカ

Colombia *Atlantic Ocean*

Jamaica

モンテゴベイへ

雨だけでなく、風もピューピュー吹き荒れてきました。

どうも近くにハリケーンが二つ来ているようです！

これから行くジャマイカもコロンビアも雨マークがついています……クシュン。船もかなり揺れて、エレベーターも使用中止となりました。初めてならきっと大騒ぎになるでしょうが、何しろ最初にあの台風を経験しているので、騒いでいる人は誰もいません。経験とはすごいことです。

昨夜はすごい揺れで、雨の叩きつける音、風のビュービューいうのが一晩中きこえていました。机上のリヒトさんの本の山が崩れたり、私も今度は手遅れにならないように事前に酔い止め薬をのみました。結局、船はハリケーンを避けてルートを南に変えたそうで、今日は穏やかになり、エレベーターも戻りました。ルートを変更したおかげで、今日は半日右側にプエルトリコの島影が見えていました。

私たちのスペイン語のタミ先生は、プエルトリコ出身の、家族思いの24歳のチャーミングな女性です。船上からケータイがつながることがわかり、興奮して、授業もそっちのけで家族に電話していました！　彼女にとって「家族はいちばんの宝物」と前から聞いていたし、われわれ生徒五人は彼女のおじいちゃん、おばあちゃんみたいなものなので、そんな彼女を、寛容に、ほほえましく見守ってあげました……。あとでタミ先生は「アリガト、アリガト」と手を合わせて感謝していました。

もう一〇月の半ばですが、カリブ海に入ってから、気温が高くなり、湿度もかなりあるので、外に出るとムシムシして、汗がじっとりという感じです。

午後はドニーシャさんの「ジャマイカ」についての話を聞きました。

全長二三四キロ、幅八〇キロの小さな島は豊かな歴史と文化をもった国ですが、「とにかく果物がおいしいです！」と彼女の一声。これだけでジャマイカに行くのが楽しみになりました。ジャマイカのビールもおいしいそうです。その昔、ヨーロッパから来た人がジャマイカのビールを手に入れるために魚と交換したことから、ジャマイカでは魚が名産品になったのだそうです。

ジャマイカの国民的英雄である「マーカス・ガーベイ」のことも初めて知りました。この人は、アメリカの黒人解放運動の指導者だったキング牧師にも大きな影響を与えた人で、ボブ・マーリーも歌った『One love』という言葉を初めて使った人で、ジャマイカの黒人の権利回復運動に尽力した人だそうで、ドニーシャさんが力強く語ってくれました。

あさって訪問するジャマイカが身近になってきました。

イギリス紳士とデート

ところで、今夜は五人のイギリス紳士とデートしました！

というのは、前にパレスチナ支援の「サナア・プロジェクト」オークションがあったとき、ハッピーチケットのラッフルで「イギリス紳士とデート」というのが当たってしまったのです。それで今日、デートしました（リヒトさんも一緒だけど……！）。

一人かと思ったら、なんと相手は五人もいたのです！

スタッフのロビン、映像担当のルーク、そしてGETの英語の先生たち、マット、ジョン、アダムの三人。ピースボートのディナーじゃあまりに悲しいので、船内にある食堂の「波へい」にはお寿司もあるので、そこに招待しました（みんなボランティアでお金がない人たちなので……）。

ハンサムなイギリス人の坊や（？）たち五人が、ちゃんとネクタイして、背広を着て来てくれました。冗談も多くて、大いに盛り上がりました。ワイン、日本酒を飲んで、から揚げ、ギョウザ、たこ焼き、枝豆、それにお寿司をお腹いっぱい食べて、五人の英国紳士とのデートは盛り上がりました。

「どうして、あなたたちみたいに世界中を旅している人が、ピースボートなんて乗っているの？」と聞かれてしまいました！

イギリス紳士たちとデート

そのあと、夜の八時四五分からは、松田美由紀さんが企画、監督、演出した「核・ヒバク・人間」という朗読劇がありました。
松田美由紀さんはバルセロナから乗船してきた水先案内人で、俳優・松田優作の妻であり、俳優・松田龍平、松田翔太の母、本人も女優だけではなく、監督、写真家、アートディレクターなど、たくさんの肩書を持つ、輝いた女性です。
ジャマイカまでの乗船で、「表現について」「仕事と人生」などのレクチャーや、彼女の制作した映画なども見てきました。そして、この朗読劇が下船前の最後の舞台になります。「朗読劇やりたい人、集まれ！」の呼びかけで集まった三〇人ほどの人たちは、セミプロから朗読が初めての人までさまざまで、短い間に松田さんの熱心な指導を受けて練習を積んできたそうです。

テーマは「東電・福島第一原発事故」。福島だけではなく日本、世界中が「原発」と向き合うことになります。

参加者が壇上に立って並び、それぞれが、福島原発事故「地元」の人の驚きの声、畜産業を営む人々の悲痛な声、子供たちの未来に不安を抱く母親たちの不安な声、国内外のメディアからのさまざまな報道の声、外国の反応、日本全国に広がった原発反対の声など、参加者が交互に、その人たちになりきって声を張り上げます。

一時間くらいのドキュメンタリーを朗読で繋げていくものでしたが、さまざまな視点から多くの問題を浮き彫りにした、すぐれた脚本、臨場感あふれる朗読劇で、息つく暇もないほど緊張して聴き入りました。これをまとめあげた松田美由紀さんの才能に拍手喝采です。

今朝も時差が生じたので、日本との時差は一四時間になりました。日の出は五時半だったので、カーテンを開けたときには、もうまぶしい光が降り注いでいました（このところずっと日の出が七時ごろだったので、久しぶりの朝日です）。

今日の海は昨日と打って変わって、まるで鏡の上を走っているように静かです。入道雲に青い海、すごくいい感じ。でも外に出ると湿度が高くて、真夏の東京みたいに汗がふき出るし、部屋の中はガンガン冷房しているので、温度差が大きくて調整に大変です。

One Love Day

今日はボブ・マーリーにちなんで「One Love Day」というイベントがありました。八階のオープンスペースは、天井から吊るされた色とりどりの、たくさんのハートマークで埋め尽くされています。ボブ・マーリーの歌を紹介した孫のドニーシャが、

「人を殺す兵器を捨てて、愛という兵器に変えよう」――。貧困や飢餓に苦しむ人々がいる一方で、毎年人を殺すための兵器に何兆ドルも費やしている現実を見つめ、大量破壊兵器を愛や芸術で大量の「創造」兵器をつくるべきだ。それを実現させるのが「One Love だ」、と訴えています。

彼女は震災後の福島にも行って、「そこで見た除染作業にショックを受けた。その土地には種をまくことができない、収穫もできない。その現実がとても悲しい」と、若いのにとても力強いメッセージを送っています。ドニーシャに会えてよかった。

ジャマイカの『楽園の真実』という映画を見ました。

青い海、白い砂、ギラギラ輝く太陽。これがカリブ海に浮かぶジャマイカのイメージです。

映画は、アメリカからの観光客が、息をのむような美しい自然を楽しみ、おいしいフルーツに舌つづみを打つところから始まりますが、そのナレーションは「おいしいご馳走にありつこうとするとき、それらのほとんどが、マイアミから船に乗せられてきたものであることを、あなたは知らないほうがいいだろう……」と語っています。

現在、ジャマイカは海外の融資機関の中でも、IMF、世界銀行、米州開発銀行に四五〇億ドルもの負債を負っているのです。これらはジャマイカに豊かな発展をもたらすはずのものなのに、実際は歳入よりも、多くの増え続ける〝負債〟を支払続けているという現実があるのです。

きびしい監視のもと、「フリーゾーン」と呼ばれる自由貿易地域で、週三〇ドル（三千円）で働かされている一万人以上の女性たち。労働条件改善のために立ち上がった女性たちは全員解雇され、二度と働けなくなってしまう現実——。

アメリカが食品や製品を輸入するときには多大な制約を課すのに、発展途上国への輸出には、ほとんど制約がない、とナレーションは語っています。

この映画は、こうした経済政策が、恩恵を与えるはずの国の人々の日常生活に及ぼす悪影響を映し出していました。

サントラで流れるボブ・マーリーの歌。

貧困が貧しいものを破滅させる
名声のために働くのはよせ
革命のときが迫っている
運命はわれらのものだ

——歌声が耳に残る映画でした。

今日は、天気予報は雨マークだったのに、雲ひとつない日の出を見て、それからずっとまぶしいほどのお天気です。ラッキー。

ジャマイカの島影を見ながら航行していましたが、ハリケーンを避けるためにコースを南に変更したことで到着時間が朝七時の予定だったのに、二時間遅れになるとのアナウンスが入りました。

ジャマイカのパトワ語を三つ覚えました。

「こんにちは」……Wha Gwan（ワグワン）

「そうだね」………Ya man（ヤーマン）

「またね」…………Later（リエタ）

カリブ海で泳ぐ

やっとカリブ海に浮かぶ島、ジャマイカに上陸——。私たちにとっては初めての国です。肌を刺すようなすごい日差しのなか、ジャマイカの「モンテゴベイ」の街に出て行きました。ナント表現したらいいのか……。混沌とした、雑然した街です。

信号が赤なので待っていたら、「ジャマイカでは信号は赤で渡っていいのだ」と通りがかりのおじさんがわざわざ教えてくれました！　頼みもしないのに、「私はあなたの友だち」とか言いながらガイドしてくれたお兄ちゃんは、最後にお金をせびりました。

街を行く車はポンコツ車ばかりで新車は見かけないし、まだまだ貧しい国というのが一目でわかります。英国の植民地だったので英語が通じるので助かりました。独立して今年でちょうど五〇年ということだけれど、植民地の影が色濃く残っている国です。

街から少し離れたビーチに行ってみたら、真っ白な砂に青い海——。

人は少ないし、二人分のビーチへの入場料とパラソルとイス二つで三〇ドルを払って入場しました。そこでおいしいランチを食べて、きれいな海で泳ぎ、久しぶりにのんびりした時をすごしました。ピースボートの人たちは、もう少し街に近いビーチに行ったようなので、ここは誰もいなくて静かでした。三時に同じタクシーに迎えに来てもらって（白タク！）「スーパーマーケットに連れて行って」といったら、アメリカみたいな巨大なメガマーケットに連れて行ってくれました。

そこで、フルーツ、ナッツ、チョコレートなど買い占めて、〝幸せ！〟と思ったのですが……。

でも、ちょっと待ってよ。ここはジャマイカなのに、店に並んでいるのはパイナップルや、マンゴ、パパイヤ、バナナなど南国のフルーツはみんなアメリカからの輸入品ばかりです。

ジャマイカ産というコーナーが片隅にありましたが、品数はほんの少しで、サイズもそろっていなくて、みすぼらしい果物ばかりでした。それにくらべるとアメリカ産のパイナップルは大きさも堂々としているし、見るからにおいしそうです。ほかの南国の果物も同様です。

先日、ジャマイカの経済がどんなにＩＭＦに首を絞められているか、という映画を見たのですが、本当にその通り。アメリカの大量生産の品々に、ジャマイカの国産品が対抗できないような仕組みにされてしまっているのを自分の目で見て、暗澹たる気持ちになりました。

もし、日本がＴＰＰを受け入れたら、日本の農業もきっと同じ状態になるのではないかと、ちょっとおそろしくなりました。

今夜はボートの半分以上の人が、レゲエ野外コンサートに行きますが、私たちはのんびり船で過ごしています。

コロンビア

Panama *Jamaica*

Colombia

カルタヘナへ

今日もおだやかな航海です。カリブ海を今度はコロンビアに向けて航行中。

コロンビアって、どこに位置しているか、ご存知ですか？

南米の北西に位置しているコロンビアは、太平洋と大西洋の二つの海をもつ唯一の国で、パナマ、ベネズエラ、ブラジル、ペルー、エクアドルとは陸で国境を介していて、コスタリカ、ニカラグア、ホンジュラス、ジャマイカ、ドミニカ共和国、ハイチとは領海で接しているのだということを、ここにきて初めて知りました。一一の国と国境がある国なんて、信じられません！

まぶしいほど快晴なのに、にわか雨が降ったり、カリビアンの気まぐれお天気です。今日は朝からプログラムが目白押しで、大忙しでした。

昨日、ジャマイカから乗船した水先案内人、枝廣淳子さんという環境の専門家による「これからのエネルギーの話」を聞きました。

日本ではエネルギーの八四％を化石燃料に頼っていますが、洋上風力発電などで、原発四〇機分を生み出す潜在力があります。私たちの消費しているエネルギーは途上国からの資源の搾取や、未来世代からの前借で成り立っているというライフスタイルを考え直さなければいけない、というお話しでした。

原発のあり方をはじめ、今後の日本のエネルギー政策をどう扱っていくのか、新しいエネルギー政策実現のためにはどんな経済転換が必要なのか、私たち一人ひとりにかかわる重要な課題をもらいました。

市民がつくる平和

コロンビアの元ゲリラで、いまは平和活動家のノルマさんの「市民がつくる平和」という最後の話は感動的でした。コロンビアの中流階級の、教育熱心な家庭で育ったノルマさんは、もの心ついたときから貧富の差や社会の平等に対して疑問を抱いていました。過激な学生運動のすえに警察に逮捕され、「武装組織に入らなくては不平等な社会は変えられない」と考えてゲリラに入隊したそうです。学生運動、ゲリラ活動に加わりましたが、やはり自分は暴力とは相いれないことがわかり、脱退。そしていまは平和教育家として、大学で教鞭をとるノルマさん。

・多様性を大切に認め合う

・ユーモアを持って反抗する
・記憶を共有する

——この三つが社会変革に重要とのメッセージでした。

そして、各人が持つ体験を分かち合うことも大切なことで、インターネットなどの新しいツールも活用しましょう、とのメッセージです。そして、自身の経験から、デモ隊がそれを阻止する警官に対して暴力で抗議をするのではなくて、警官にも誰にもハグ（抱擁）をしてデモを成功させた、という話はとても感動的でした。

世界をより良いものにする——。その思いをみんなが抱けば「平和」を実現することができるのです、というノルマさんの言葉をいつも忘れないようにしたいと思いました。

NGO訪問

私たちのオーシャンドリーム号は、コロンビアの「カルタヘナ」に、午前一一時ころに着岸しました。

天気予報は雨マークで、そのとおり目が覚めた五時半ころは雨でしたが、船を下りるころにはサングラスが必要なくらい、まぶしい日になりました。湿度が七〇～九〇％という

コロンビアの子供達と「手をたたこう！」

ことで、サウナに入っているみたいに汗が噴き出ました。

コロンビアは世界一治安が悪いところだそうで、ちょっと残念。それでも、港には、赤や黄色の原色の色とりどりの華やかな民族衣装を身に着けた女性たちが、にこやかに出迎えてくれました。私のコロンビアの知識はノルマさんから聞いた内容だけです。豊かな自然と多様な文化や民族を持つコロンビア。二〇世紀に二〇万人の犠牲を出した「コロンビア内戦」を経て、着実に平和の道を歩んでいる印象を持ちました。

カルタヘナでのツアーは、「旧市街の観光」や「マングローブの森エコツアー」などありましたが、私たちが選んだツアーは「グラニートス・デ・パス」（平和の種）という、コロンビアのＮＧＯ訪問です。

貧困地帯（本当にまわりは崩れそうな家ばかり）にセンターをつくって、コミュニティーのために保育所、菜園、高齢者支援、などの取り組みをしているところです。保育園は、白を基調にした清潔な建物でした。白のショーツに黄色のシャツのユニフォーム姿の子供たちが笑顔で迎えてくれて、歓迎の歌をかわいい動作つきで歌ってくれました。そのお返しにピースボートの私たちは、またまた「しあわせなら手をたたこう」を歌ってしまいました！

そのあと菜園を見せてもらい、つぎに高齢者センターに行って、高齢者の人たちと一緒に遊んできました。玄関ホールでは、おじいさんたちが、踊りだしたくなるようなラテンリズムを、ボンゴで鳴らして歓迎してくれました。このリズム感って、生まれたときから身についているのでしょうね。日本人の私たちにはとてもできないリズムです。

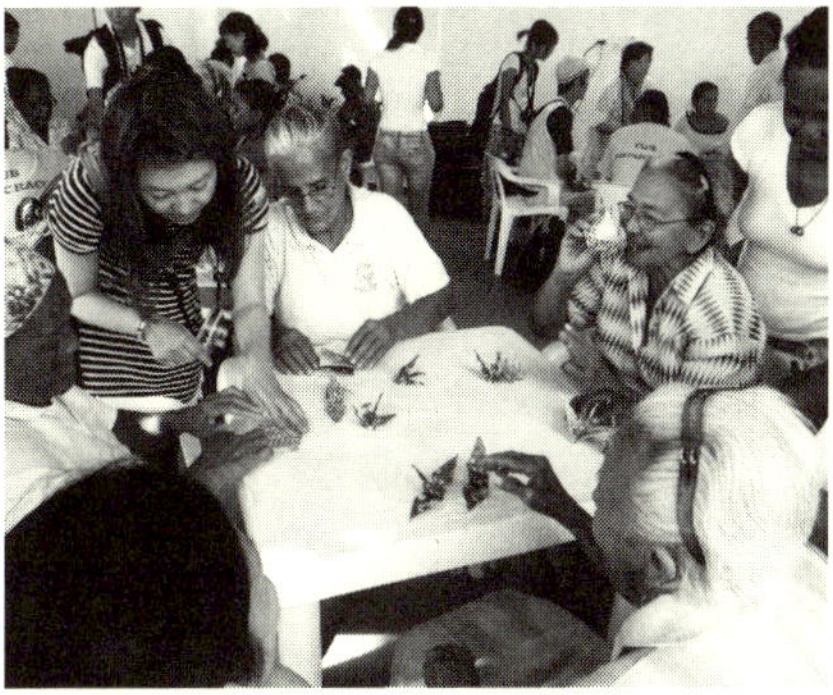
高齢者たちと折り紙で遊ぶ

二〇人くらいの高齢者のみなさんと一緒に折り紙をしたり、毛筆で名前を漢字で書いてあげたり、リズムに合わせて、ダンスをしたり（さすが！　みなさんのリズム感はすばらしい！）、子供たちとはサッカーをしたり、楽しく交流をしました。

センターの人たちとお別れしたあとはカルタヘナの旧市街に観光に行ったのですが、すぐに日没になって、せっかくのきれいな街並みが暗くなってしまって残念でした。それでも帰船リミットが午後九時だったので、ツアーから離れて、二人でレストランに行って、おいしいビーフやシーフードを食べてきました。やわらかくて、ふっくらとしたビーフを感激して食べました。

パナマ

Guatemala *Colombia*

Panama

先住民ってなあに？

今朝から船のスピードが遅いので気になっていたのですが、いつか船のことを話してくれた専門家によると、いま、左側のエンジンが動いていないのではないか、ということです。だから、蛇行しているし、スピードもないそうです。無事、日本までたどり着いてくれますように、と祈る気持ちです。

明日は、パナマのクリストバルに着くのですが、船内放送があって、近くのフリーゾーンで暴動が起きているとかで、ツアー以外の人は港にあるターミナルから外に出ないでくださいとのアナウンスが入りました。明日は「先住民の部落」に行くツアーを申し込んでいるので、私たちは出られますが……。それでも、ちょっと心配。

カルタヘナ（コロンビア）から水先案内人として乗船してきた、グアテマラのNGO「AMVA（女性よ、前進しよう）」の創設者、アンヘリナ・サクバハさんによる「先住民ってなあに？」という話を聞きました。

十六世紀からヨーロッパ列強の植民地支配が始まり、土地や権利の搾取、それに伴う文化の衰退、そして大量虐殺と、中南米でも最悪といわれた激しい弾圧を受けたグアテマラの先住民の歴史と、そのなかで守り続けた独自の文化について話してくれました。グアテマラの先住民族の伝統衣装「ウイピル」を身にまとった当事者から、自分たちの文化についての話を聞くのですから……、本からの知識とは違います。

アンヘリナさんと一緒に、グアテマラ人の学生が七人、ピースボート国際奨学生として乗船しています。みなさん先住民族の権利や伝統文化を取り戻す活動を行なっている人たちで、彼らの話しも聞きました。

長く続いた内戦の影響から生活水準が低いグアテマラでは、教育問題が大きな問題だそうです。国民の大部分がマヤ民族をはじめとする先住民族ですが、その人たちの多くはスペイン語の読み書きができず、小さな農園などで過酷な労働を強いられる以外に生活の糧が得られない人が多いそうです。それに加えて先住民族の女性に対する差別があって、教育や就職面で大きな差があるといいます。

「さまざまな問題を抱えるグアテマラの現状ですが、そこで生きる私たちは嘆いているだけでは仕方ありません。国を変えるためには、私たちが頑張らなければいけないんです」「二〇一二年は、マヤの暦ではあたらしい暦がはじまる、たいせつな年です。きっと良い未来が始まるでしょう」――と笑顔で語ってくれました。

貧困や差別など、さまざまな問題を抱えるグアテマラのなかで、希望をもって活動している人たちに会える機会があってうれしかったです。

WASEDA

今夜は九時から、若い人たちが企画した「早稲田集まれ！」に顔を出しました。最近、船の中では「……県人集まれ！」「ホームシッカーさん集まれ」「23歳集まれ！」「B型集まれ！」「ウクレレ集まれ」「禁酒禁煙しようぜ」「不良、元ヤンキー集まろうぜ」などなど、グループでの集まりが盛んです。

早稲田関係者が何人乗っているかわからないけれど、誘われるままに行ってみたら、言い出しっぺの二人と私たち夫婦と、あとCCの二人で合計六人という寂しさでした。二〇人くらいは集まるかしらと思ったのですが、きっと〝早稲田でござい〟なんて、恥ずかしくて名乗れなかった人も多いのでしょうね。

私たちのころは「早稲田」というと、やぼったいイメージがつきまとっていたものですけれど、いまでは、国際教養学部や政治経済学部の英語学位プログラムでは英語だけで授業しているところもあり、集まったチャーミングな女子学生たち、セトマユ、ボブ、ケイコもCCとして通訳しているのをみると、早稲田も変わったな……とうれしく思いました。「波へい」で、好きなものどうぞ、といって年長者の私たちがスポンサーになってあげました。みんな「お寿司なんて食べたことない！」と大喜び。グローバルな、将来の日本を担ってくれそうなたのもしい後輩たちでした！

エンベラ族の村へ

さて、今朝、パナマのクリストバルに到着しました。

私の頭の中では、パナマといえば「運河」しか思い浮かびませんでしたが、ちゃんとした「共和国」なのです。まさに北アメリカ大陸と南アメリカ大陸を結んでいる、いちばん細いヘソの緒のような部分ですが、北西にコスタリカと、南東にコロンビアと国境をもち、北はカリブ海に、南は太平洋に面しています。南北アメリカと太平洋、大西洋の結節点にあたる地理的な重要性から、パナマ運河が貿易や人の移動や国際政治に大きな役割を果たしています。

クリストバルにはちゃんと予定時間に着いたので、船の進み方が遅かったのは、時間調整をしていたのかも……。片肺エンジンの話も「ウワサ」にとどめ、船のことは乗組員がいちばん知っているのだから、彼らを信じて乗っていることにしましょう。

昨夜からリヒトさんは下痢と微熱で、ダウンです。どうやらこの症状は船でかなり流行っているみたいです。それでも朝食に行っておかゆを食べてきましたから、重症ではないと思うけれど、今日のツアーはキャンセルして〝一日寝ている〟というので、悪妻（?・）の私は夫を残して、ひとりで「先住民族の人々と出会う」というツアーに参加しました。

バス三台、一二〇人のツアーでしたが、若い人が多くて、とても楽しいツアーでした。バスで川岸まで行き、そこから迎えに来ていた二〇人くらい乗れる木製の舟に分乗して、エンベラ族の村へと向かいました。船頭さんはエンベラ族の男性で、小麦色の肌の上半身は裸で（不思議なことに産毛もない、つるつるの肌でした）、腰にビーズでつくった腰布を巻いているだけ（身に付けているのはそれだけ！）。顔や体には大胆なデザインの入れ墨のような模様があって、ちょっとアイヌを連想するような顔立ちの男性でした。

川の両岸はジャングルのような、パナマの雄大な景色が続き、長い竿を操って、ゆっくりと川を四〇分ぐらい下っていきました。途中、木の上にサルたちがいるのも見かけました。「ワニは?」と聞いたら、ワニはいないそうです。すてきな川下りでした。

そして、ボートの中から、向こう岸の緑の小高い丘に円錐形の藁ぶき屋根の床高式の家がいくつも見えたときには、若い子たちは歓声をあげていました。「わぁー　まるでディズニーランドみたい!」と。ハイビスカスのような赤い花で頭を飾った、赤を基調にした民族衣装(トップと短い腰布)の若いお嬢さんたちのダンスと、太鼓や笛の楽器を奏でる裸に腰布をあてた民族衣装の男性たちの歓迎を受け、心がウキウキしてきました。空は、これ以上望めないほどの青空です。

エンベラ族の船頭さん

このエンベラ族は、もとはコロンビアとパナマの国境に住んでいたのですが、パナマがコロンビアから独立したときに土地を追われ、ここに移住してきたそうです。以前は農業をしていたのですが、いまはそれができず、こうして観光客に来てもらって、手づくりの手芸品などを売って生計を立てているそうです。

ランチは、バナナの葉をお皿に、キャッサバ、青バナナの焼いたもの、チキンの炭焼き、魚のフライなど、おいしい食事を用意してくれました。それにパイナップル、オレンジ、パパイアなどの新鮮なフルーツが食べきれないほどあって……。本当においしかったです。

部落には一二家族、三八人しか住んでいないのですが、その全員、三か月の赤ちゃんからお年寄りまでが、そろって歓迎してくれたわけです。藁ぶき屋根の床高式の家の中を見せてもらったり、学校（ちゃんとあるのです！）を見学したり、手芸品の展示販売でおみやげを買ったり……。そして、そのあとは交流タイムです。一緒にゲームをしたり、折り紙をしたり、歌を歌ったり（また「しあわせなら手を……」でした！）、エンベラの女の子に浴衣を着せてあげて、一緒に盆踊りをおどったりと、楽しいひとときでした。

最後に私が参加者を代表してお礼の言葉を述べて、楽しい交流を終え帰ってきました。いままでの交流プログラムで、いちばん楽しいプログラムだったかもしれません。リヒトさんが行かれなくて残念でした。

帰ったら、まだベッドの中でした。今日はお昼、夜と絶食して、「明日の朝のおかゆから始める」といっています。熱は下がっているので、だいじょうぶでしょう。

パナマ運河へ

今日はいよいよパナマ運河を通航します。

大西洋から太平洋に抜けるのです。朝六時前に船内放送があり、「まもなく、閘門（こうもん）にさしかかります」とのことだったので、デッキに出てみました。

ちょうど朝日が昇る時間でしたが、雲があって日の出はみられず、まわりの雲がだんだん明るくなってきました。

太平洋と大西洋の海面の高さの差が二六メートルもあるということを、ここにきて初めて知りました。そのためにスエズ運河のようにただ、二つの海をつなげればいいというものではなく、水位を調節するために運河に閘門をつくって、それを閉鎖して水を貯めて（ちょうど船一艘がつかるプールみたいにして）、水位を上げて船を階段状に上昇させていくというのです。ちょうど船一艘分を入れられるほどの幅に船を入れ、前後両方の閘門を閉めて水を注水すると船が浮き上がって、上の水位と同じになったところで、前方の閘門を開いて、船を進めます。そのために、船は運河の幅ぎりぎりを通航しています（ここを通航できる船幅は三二・三メートルまでだそうで、多くの客船やタンカーはこれに合わせて造られていることも初めて知りました)。

その閘門が三つあるので、一回ごとに上昇していって、まさに船が山をのぼっているみたいで、すごくおもしろかったです。パナマ運河の長さが八一キロメートルあるので、横断には九時間ほどかかるということです。

この閘門があるのは、はじめと終わりのところで(ここでは太平洋に向かって今度は三段下ります)、そのあいだはきれいな人工湖で、両岸は温帯雨林が広がっています。誰かが「あ、ワニ!」と叫ぶので、その方向を見てみると、本当に遠くにワニが寝そべっているのが見えました! 野生のワニをみるのは初めてです。

パナマ運河の閘門が開きます

太平洋へ

午後五時、すべての閘門を抜けて、アメリカ橋(南北アメリカを結ぶ橋)を通り抜けて、いよいよ太平洋に入りました。

もうこの海の向こうは日本です!

このパナマ運河は一九一四年にアメリカ合衆国によって開通されたそうですが、難工事と疫病の蔓延で、一時は工事が止められ、開通には一〇年の歳月を要したそうです。精鋭の土木技術が集結したこのプロジェクトは、東西の大西洋、太平洋の移動と輸送の便の向上に大きな影響を与えたことはいうまでもありません。

いままで見てきた熱帯林のジャングルの景色とはうって変わって、高層ビルが立ち並ぶ近代都市「パナマシティー」が見えてきました。残す寄港地は三つだけです。いよいよこの船旅も終盤にさしかかりました。

リヒトさんはまだ本格的ではないけれど、やっと回復してきました。夜ごはんのメニューをみると、サバの味噌漬けということなので、やめて、「波へい」に行って、うどんを食べました。

夜中から暴風雨です。寝ているあいだも、船はよく揺れていました。

朝もまっ暗で、しかも雨が強く降っていて、「危険ですのでデッキに出ないでください」とアナウンスがあったほどです。

でも、きっとこちらの人にとっては恵みの雨なのでしょう。パナマも緑がきれいでした。

今朝、朝食で同じテーブルに座ったご夫婦（ご主人は盲目の写真家!?）はピースボート一三回目だそうです！　そのほかに、「飛鳥」や「日本丸」などにも乗っているそうです。「それだけ乗っていらっしゃるのなら、日本にお家はいりませんね」と言ってしまいました！

麻薬戦争

ジャマイカから乗船の水先案内人のサンホ・ツリーさんから、「麻薬戦争とアメリカの中南米政策」についての話を聞きました。

コロンビアは「コカイン」の輸出で有名ですが、コカインの原料である〝コカ〟という植物はもともと中南米の先住民が平和的に生活の中で利用していたものだったそうです。それなのに、アメリカ合衆国は深刻なコカイン中毒者による犯罪や、健康被害の解決策として、政府は「麻薬戦争」という政策を四〇年以上展開しました。コカインの売買を厳しく罰したため、逆に取締りによって値段が高騰してしまいました。野菜を栽培しても鮮度を保てる運搬手段がないので、結局、確実に現金を得られる〝コカ〟で、生活を支えることになるという話でした。

マヤ文明やインカ文明に代表される豊かな文化を育んできた中南米諸国の多くが、スペイン、ポルトガルをはじめとするヨーロッパに「侵略」され、文化や言語を奪われて、強制労働や虐殺といった、激しい弾圧を受けてきました。

アメリカは中南米諸国を「裏庭」と呼んで、資源の確保や社会主義の抑圧のため、武力や財力によって支配主義を続けているのです。これから訪れるグアテマラやメキシコも、その歴史の荒波の中にある地域なので、よい勉強になりました。

波はおだやかで、晴天——。気持ちよい朝でした。

午前中に水先案内人の枝廣淳子さんの「しあわせな社会のつくりかた」という話がありました。

「脱・所有」（所有するのではなく、貸し借りやシェアをして暮らす）、「脱・物質」（物を買ったり持つことが幸せなのではなく、人とのつながり、自然とのふれあいなどが幸せを生み出す）、「脱・貨幣」（生活基準をすべてお金ではない人生設計）をしようという提案。しあわせの本質は「大切なものを大切にする」ということだそうです。たしかにそうですね……。

グアテマラ

Mexico *Panama*

Guatemala

プエルトケツァルへ

朝、五時半ごろ目が覚めて〝エンジンの音がしないな〟と思ったらすでに、港に着いていました。

グアテマラのプエルトケツァルです。

私にとっては初めての国ですし、まったくなじみのない国です。地図を見てみると、「グアテマラ」という国は、パナマの北に位置しています。北にメキシコ、北東にベリーズ、東にホンジュラス、南東にエルサルバドルと国境を接していて、北東はカリブ海に、南は太平洋に面しています。首都はグアテマラ市ですが、私たちが着いたのは港町のプエルトケツァルです。マヤ文明が栄え、現在も国民の過半数はマヤ人（マヤ系先住民）で、メキシコを除いた中央アメリカで最も人口の多い国だそうです。一九六〇年から一九九六年まで続いた「グアテマラ内戦」により、治安や政治においてグアテマラ社会は未だに不安定な状態にあるようです。

すごくきれいな青空で、入道雲が出ています。目の前に、富士山みたいに形のいい山と、

プエルトケツァルの街並

ふたつコブのある同じ高さの山が、並んでそびえています。

ここには二日停泊します。でも、治安はよくないし、交通機関がないので一人では街を出歩かないで、なるべくツアーをご利用くださいというので、二日ともツアーをとりました。

今日はアンティグアという旧市街に一日ツアーに行って、明日は朝早くから「グアテマラの海とマングローブの森体験」に行きます。

半分以上の人が今朝から船を出て「アンティグアとグアテマラシティー」「マヤ最大の遺跡ティカルへ」などの一泊ツアーや「グランドキャニオンやモニュメントバレー米国西部の大自然をめぐる5日間の旅」のオーバーランドツアーなどに出かけています。

「アンティグア」という街は、世界遺産にもなっている標高一五〇〇メートルの古い市街地で、かつてマヤ文明の中心地として栄えた街、スペインの植民地時代には中米の政治、宗教の中心地として発展した首都です。道路は碁盤の目のようで、色とりどりの古い家並みが続いて、道路はすべて石畳、絵になる風景です。十八世紀に起きた大地震で崩壊されたままの教会もありましたが、植民地時代の建物が残る町並みは、しっとりとして、とても趣がありました。

民族衣装を着たおばさんや子供のおみやげ屋さんが、「ワンダラー（1ドル）」とか、「ヤスイヨ」とか言いながら、山ほどの民芸品を抱えて寄ってきます。みんな、英語も日本語もできて、すごいです！　子供が売り子をしているので、「いくつ？」とスペイン語で聞いたら、「9歳」といっていました。

ここの気候は標高が高いせいか、暑くなく、木陰では気持ちよい風が吹いて、石畳の古い道をかなり歩いたのですが、汗ばむことはありませんでした。修道院や教会を見て歩きました。街もきれいだったし、四つ星ホテルでおいしいランチをいただいて、満足のツアーでした。

マングローブの森

グアテマラ、プエルトケツァル二日目のツアー「グアテマラの海とマングローブの森体験」。

今日のツアーでは、まずバスで一時間くらい行ったところから、八人ずつに分かれてボートに乗り、うっそうと茂るマングローブの林の中を抜け、片道四〇分くらい行ったところにある小さな島まで行きました。船頭さんが長い竿でゆっくり漕いでくれました。途中ハスの花が咲いていたり、サギが飛んでいたり、のんびり、気持ちよかったです。着いた小さな島では〝天然の塩〟をつくっているというので、そのミネラルに富んだ塩を買って、戻ってきました。

そこから今度は海岸沿いにある、小さなレストランに行ってランチ。サラダ、魚、お米の料理とシンプルでしたが、砂浜のパラソルの下にあるテーブルで波の音を聴きながらおいしくいただきました。目の前の海はかなり波が高くて、波打ち際で立って海を見ていたら、高い波が打ち寄せて、あっという間に頭から波をかぶって、ずぶぬれになってしまいました。着替えを持って行っていたので助かりました。

そこから今度は「Grupos Gestores」というNGOの団体がやっている小屋に行き、そこでは貝を使った民芸品作りのワークショップがありました。私は大きい目の貝をつなげて、風鈴のようなものをつくりました。リヒトさんは、小さい貝で亀の甲羅を飾っていくのを、六年生の女の子のとなりで、背中を丸めてやっていました。なんだか小学生の夏休みの宿題をやっている気分でしたが、これもこの団体への支援になるそうです。

マングローブの林をいく

そのあとは、今日のハイライト、同じ団体がやっている自然保護施設に行って、生まれたてのウミガメの赤ちゃんを海に放流しました。ここでは、産んだばかりのウミガメの卵が盗まれたり、食べられたりしてしまわないように保護して育て、生まれたての赤ちゃんを海に戻すことをしています。ひとりに一匹ずつ、生まれたばかりの亀の赤ちゃんを手の平にもらい（親指くらいの大きさです）、それぞれもらったカメに名前を付けました。そして砂浜に一列に並び、だれのカメが一番に海に到達するか競争です。砂浜に一度カメを置くと、そこから先は、手を出してはいけないそうで、小さな亀たちは、海をめがけてヨチヨチ歩き始めました。

「亀子ちゃん、がんばれ〜、」

「亀次郎、もうすぐだぞ〜〜」

と、それぞれ自分の亀に声をかけ、波にのまれてみえなくなるまで見送りました。これでまた成長して一〇年後くらいに戻ってくるのだそうです。不思議ですね。

というわけで、グアテマラでの滞在も楽しく過ごすことができました。

メキシコ

Pacific Ocean *Guatemala*

Mexico

イルカ！

今日はちょうど日の出の時間に目が覚めたので一〇階のデッキに行ってみたら、一面モヤがかかっていて、日の出は見られませんでした。でも、だんだんまわりの雲がピンクになっていって、きれいでした。

そして、ボーッと海を見ていたら、海面は波ひとつない静かな海なのに、一か所だけ不自然に波ができているところがあります。

何だろうとじっと見ていたら、なんと、イルカの群れでした。もう、陸地を離れたら絶対に見られない、といわれていたので、最後のチャンスでした。考えてみたら今は、陸は見えないけれど、メキシコに沿ってアメリカ大陸を北上しているので、陸からそれほど離れていないのでしょう。たくさんのイルカが群れをなして、ピョーン、ピョーンと、弧を描いて跳ねているのを見られて、大感激の朝でした。

ミュージックビデオ

お昼には、GETの「ミュージックビデオ・プロジェクト」の集まりがありました。G

ミュージックビデオつくり

ETの語学のクラスに参加している受講生を対象に、英語とスペイン語で作成するプロジェクトが立ちあがり、生徒たちはみんな好きなところに登録しました。分野としては「演劇」「インタビュー」「世界の料理本」「ミュージックビデオ」「暗殺者」「短編映画」などです。

私は「ミュージックビデオ」のプロジェクトに入ったのですが、このプロジェクトは、自分たちでひとつの歌を作詞作曲して、それを自分たちで演奏し、自分たちでミュージックビデオを作成するという大がかりなものです。いままで何回かミーティングをもって、歌を作ってきたのですが、はじめ二〇人以上いたグループが、最後には一〇人になってしまいました。マンボー、つねちゃん、私の三人が高齢者組で、あとは若者たち、サトシ、ディラン、マーシー、ナオコ、アキコ、ユーコ、アヤの七人。

GETの先生、マリとジョンを中心に、みんなで、この船旅の思い出を、英語で歌詞をつくるために、この旅でとくに印象に残ったことを単語や短い言葉で書き出し、最後にそれをつなげて歌詞を作りました。それに曲を付けます。今日はそれをジョンのギター、マンボーのサックスを入れて、伴奏で録音しました。

歌詞はこういうものです。

Journey for Peace, Peace is our Journey
（旅が平和をつくり、平和が旅を可能にする）
We are searching for something so new
（みんな新しいことを探している）
From the stars so bright to the seas so blue
（星は輝き、碧い海原）
85 days with open hearts and minds
（85日、ひろい心で）
Friends and adventure we hope to find
（友だちと冒険をみつけよう）
Chorus

（くり返し）
SO LET'S GO GO!　EL MUNDO ENTERO
（さあ、旅立とう、地球一周の旅）
TOGETHER WE GO, MIS AGIMGOS
（友よ、一緒に）
SHARING THE LOVE WE HAD FROM THE START
（愛を分かち合おう）
SING TOGETHER, ONE VOICE , ONE HEART
（心を合わせて歌おう）

SPANISH WOMEN ARE SO EN FUEGO
（スペインの女は情熱的だ）
WITH A CHANCE, WE CAN DANCE THE FLAMENCO
（みんなでフラメンコを踊ろう）
COME TOGETHER AND SAY "NAMASTE"

（みんなで集まり「ナマステ」と言おう）
WE'LL MAKE SO MANY FRIENDS WE'LL WANT TO STAY
（たくさんの友だちをつくろう）

EGYPT WAS GREAT BUT SOMETIMES A BOTHER
（エジプトはすごいけれど、ときどきしつこい）
BE CAREFUL WITH THOSE WHO SAY "ONE DOLLAR"
（「1ドル！」には気をつけて）
WE CAN PLAY REGGAE ALL DAY AND NIGHT
（一日中、レゲエを踊り明かそう）
LET'S GET TOGETHER AND FEEL ALRIGHT
（みんなで楽しもう）

FAMILIA DEL BARCO DE LA PAZ
（ピースボートの家族）

WE SING THIS SONG FOR YOU ALL BECAUSE……
(みんなで歌おう)
JOURNEY FOR PEACE, PEACE IS OUR JOURNEY
(旅が平和をつくり、平和が旅を可能にする)
THIS IS OUR HOPE FOR EVERY COUNTRY
(これが私たちの願い)

この歌に映像を加えてビデオにして、みんなの前で発表するので、一大作業です。どういうことになりますやら……。

米国はなぜ原爆を落としたのか

午後はサンホ・ツリーさんの最後のレクチャーで、「米国が原爆を落とした理由」という話でした。

サンホさんは長年、米国が日本に原爆を落とすに至った経緯の調査を続け、その調査結果を『The Decision to Use the Atomic Bomb』(原爆使用の決断) という本(八〇〇ページの大作）を共著で書いています。これは『原爆投下決断の内幕』と題して日本語訳も「ほるぷ出版」から出版されているとのこと、ぜひ読んでみたいです。

サンホさんによれば、一般的には、〝早く戦争を終結するために〟広島、長崎に原爆が使用されたといわれていますが、これは後づけでしょう、ということです。二〇億ドルもの巨費を投じて開発した手前、一件まっとうに見える理由がなければ、米国民の非難を受けるだろうと考えたトルーマン大統領は、戦争終結後の世界情勢を米国優位に展開することまで見すえて、原爆投下を選択したのでした。

本当の理由はソ連の参戦を止めるために、〝核の脅威を示したかった〟ということだったようだというのです。アメリカの大国エゴのために、あれだけの犠牲者を出したとは！なんだか話を聞いていてやりきれない気分になりました。それと、当時のアメリカとソ連は、ポツダム宣言を日本が「黙殺する」といったのを「拒否する」と訳した日米文化の違いが原因でもあるともいっていました。

こういう複雑な話を日本語に訳すＣＣさんは、とてもたいへんそう。みんな二〇代の若い人たちなので、こういう問題は得意でないようです。ふうふう言いながらも通訳をしてくれました。

半世紀前のメキシコ

今日はメキシコのアカプルコに寄港します。

メキシコは、私が初めて訪問した外国なので、とても親しみのある国です。

私がまだ18歳のとき、ガールスカウトの世界大会の日本代表に選ばれて、メキシコシティーから一時間ばかり離れた「クエルナバカ」というところにある、ガールスカウトの世界センターで三週間滞在したのが、一九六三年のことです。

当時は東京オリンピックの前年のこと、まだ自由に渡航ができない時代で、外貨も持ち出すことができませんでした。いまから考えれば信じられないことですが、招待がある人しか海外に出られなかった時代だったのです。飛行機に乗るのも、もちろん初めてで、機内食に出たビフテキは、日本では食べたこともないような大きな肉のかたまりで、びっくりしたのを思い出します。

そのとき、一〇か国から二人ずつ（招待国のアメリカは六人）の代表が集まって、一〇代の少女たちが三週間寝食を共にした経験が、英語も片言だった私の目を、広く世界に向けてくれたきっかけになったのでした。

そのときのアメリカ、カナダ、メキシコ、プエルトリコ、ブラジル、スイス、イタリア、フィンランド、オーストラリア、ニュージーランドの仲間たちとは、五〇年たった今も交流があり、四、五年に一度は、世界のどこかで会っています。いまではその〝同窓会〟も夫や子供の世代までにも広がり、大家族に膨れ上がっているのもうれしいことです。

アカプルコ

朝、デッキに出たら、ちょうど、水平線から丸い太陽が顔を出して、昇るところを見ることができました。

朝食を食べていたら、はるか向こうに陸地が見えてきました。アカプルコです。だんだん陸に近づいてきて、海に面した丘にびっしり家やホテルが見えてきたら、「なんだか、熱海みたいね〜」という人がいました。たしかに、ちょっとそんな感じです。ビーチ沿いには高層のホテルが並んでいて、いかにもリゾートという感じです。太陽がギラギラ照りつけるなか、下船しました。

今日は何もツアーをとらずフリーなので、のんびりと、船着き場の目の前にあるサンディエゴ要塞から港や海をながめて船に戻りました。この砦は一六一六年に海賊を寄せつけないように設計されたそうで、いまは街の歴史を綴ったきれいな歴史博物館になっていました。

午後はビーチに行くことにして、水着を用意して、今度は新市街地のビーチへ行きました。メキシコは、ほかの国と違ってプライベートビーチを法律で禁止しているそうで、どこも〝無料〟ということで、気に入りました。タクシーの運転手が、このビーチなら波がそんなに荒くないから、と連れて行ってくれたのですが……。波打ち際に立っただけで、すごい高波がきて、あっという間に頭から波をかぶって、引き潮で足を引っ張られてころびそうになってしまいました。しかも、海に入って五歩も行くと、もう背が届かない、というおそろしいビーチでした。

パラソルの下で、トルティージャやエビとサルサ、ワカモレのスナックなどを食べて、メキシコの味を堪能です！　三時間くらい、のんびり海をながめ、パラシュートで空を飛んでいる人を見たり、のんびりとした時をすごしました。今日の帰船リミットは夜の一〇時なので、夕方一度船に戻って、シャワーをあびて、さっぱりとして、今度はまた夕飯を食べに外に出ました。

歩ける距離でと思ったのですが、あまりなくて、でも、海岸沿いを歩いていると、私たちが日本人だとわかったのでしょう、「ハポン、サムライ」と声をかけてくれる男性がいました。

「サムライ?」と聞き返すと、彼がうれしそうに、通りの先の方をゆびさしてくれました。

確かにそこにはサムライの像が立っていて、よく見ると支倉常長の像ということがわかりました。一六一三年、慶長遣欧使節団として、スペインに向かう途中、はじめに寄港したのがアカプルコだったのです。四〇〇年前に、仙台から90日かかったとのこと。小さな船で90日もこの大海原を航海するのがどんな困難なことか、今、自分が船旅をしているからこそ実感できることでした。

おいしいメキシコ料理

しばらく行くと、現地の人が入っているレストランがあったので、そこで食事をすることにしました。地元の人たち向けのレストランらしく、誰も英語を話さないし、メニューもスペイン語のメニューしかなかったので、あてずっぽうでお肉と魚を注文したとおもったのですが、お肉ではなくて、エビが出てきました……。もっと、スペイン語をちゃんと勉強しなければ……！

というわけで、たのしいアカプルコ滞在でした。


ワシントンＤＣ郊外に住んでいる長女から「停電中です」というipadからのメールが入りました。アメリカ東部に巨大ハリケーン「サンディ」が襲っているようです。停電なのにipadは宇宙衛星ではつながっているわけ?!　なんだか不思議……。事故がなかったことを祈っています。アメリカは大統領選挙も来週なのに、どうなるのかしら？

カリブ海でハリケーンを逃れて南下したのは、このハリケーンだったのでしょうか？　これが、あと二、三日早く発生していたら、ピースボートもカリブ海で巻き込まれていたかもしれません!?　あのハリケーンに会ったら、この船はどうなっていたでしょう……。本当によかったです（東部の被害者の方には申し訳ないけれど……）。

船はいま、メキシコ沿岸のアカプルコとマンサニージョの間を航行中なので、一日のんびりです。オーバーランドツアーで、「テオティワカン」や「メキシコシティー」、「グランドキャニオン」に行っている人も多いので、船内はなんとなくひっそりしています。

ところで、今日は乗船後はじめて、美容室に行きました。

もっと早く行きたかったのだけれど、予約がいっぱいで二週間以上待ちました（九〇〇人の乗客に対して美容師さんが一人しかいないので！）。リヒトさんも一緒に予約がとれて（夫婦なら男女でも同じ時間にとれるので）二人ともやっとすっきりしました！

マンサニージョへ

朝、目が覚めたら、もうマンサニージョ（メキシコ）に停泊していました。

六時でまだ外は暗かったけど、デッキに出て、ノルディック・ウォークをしてきました。

今日は満月で、月も星もとってもきれいでした。そして、朝七時に、目の前にある山から朝日が昇りました。これで、陸地から昇る太陽を見るのはこの船旅では最後になります。

今日は、ものすごくよいお天気で、朝からジリジリ肌が焼けています。これまでそれほど気にしなかったけれど、かなり真っ黒に日焼けしていることに気がつきました。朝、下船してマンサニージョの街をすこし歩いたけれど、ちょっと歩いても暑くて汗だくになるし、やっぱり最後はビーチで過ごそうと思って、船に戻り、水着をもって、タクシーで二

○分くらいのところにあるビーチに行ってきました。海の水はあたたかいくらいで、ここは波もないし、気持ちよかったです。ピースボートの人たちも何人か来ていました。そこで、またタコスやらワカモレや、ココナッツの実のジュースなど、最後のメキシコの味を堪能しました。今日の帰船リミットは四時です。

最後の出航式

これからは二週間太平洋の上なので、みんな名残り惜しくて、ぎりぎりまで街をふらついていました。船に戻った後は、この船での最後の「出航式」ということで、全員が九階後方デッキに集まって、出航パーティーがありました。

司会者のロビンはタキシード、ブイさんはミニドレスのフォーマルウェア。色とりどりのテープが空を舞い、デッキでは出航のドラの音、ここで船を降りる人も数人いるので、港にいる人たちとも叫び合い、手を振りあって最後のお別れです。

「ボー」というお腹に響くような汽笛の音がして、船が岸壁から静かにゆっくりと離れていきました。全員にスパークリングワインが振る舞われ、「カンパーイ!」と、いやでもパーティ気分が盛り上がってきます。

オーシャンドリーム号、最後の寄港地に別れをつげ、デッキではもうすでにお別れムードです。みんなでハグし合って、写真をとりあって、音楽がガンガン鳴って、肩を組んでそれに合わせてダンスしてと、大騒ぎでした。

涙を流している人もたくさんいました。まだあと二週間もあるのに……。

これからは、泣いても笑っても「横浜港」に着くまでは、陸地にお目にかかることはあり得ないのです。

オーシャンドリーム号よ！　どうぞ無事日本にたどりついてくださいね！

最後の出航式

この太平洋上で何をしているかといえば、私たちは「GETプロジェクト」のミュージックビデオ作成のための撮影に情熱を燃やしていました。一〇人で作成しているのだけれど、自作自演の歌に合わせて、ビデオをつくっているのです。三時間も炎天下のデッキで、歌に合わせて踊ったり、飛び上がったりしてきました！

最後の出航式で踊る若者たち

メンバーの中に演出、ダンスそれにカメラワークにも強いマーシーがいて、彼女の監督下、歌詞にあわせて、衣装を民族衣装やドレスに着替えて、カットごとにダンスのシーンを撮ったり、飛び上がったりと、大騒ぎでした。高齢者組は私とマンボーさんとツネちゃんの男性二人で、あとは一〇代、二〇代の若者たちなので、老体にむちうって身体を動かして、いい刺激になっています。

いま、マーシーが最後の編集してくれているところですが、とっても斬新なものができそうで、楽しみです。こんなことに熱中したのは久しぶりで、若返りました。

太平洋横断・
横浜港へ

Yokohama *Mexico*

Pacific Ocean

ハロウィーン

「ハッピー　ハロウィーン!!」

朝、ワシントン郊外に住む孫たちの楽しそうなハロウィーン仮装の写真がメールで届いたので、安心しました。ハリケーン一過、ちゃんと学校も再開したようです。

船内も朝からハロウィーンモードです。

八階のホールは、天井から段ボールを切ってつくったオレンジ色のカボチャがたくさん吊るされています。ジャク・オー・ランタン（紙で！）をつくるクラスもあったし、メイキャップや衣装つくりのクラスも大盛況。とくにGETの外国人の先生たちの仮装のセンスがすばらしく、ドラキュラが口から血を出していたり、昼間からおそろしい仮装をした人たちが船内を練り歩いていました。

ハロウィーンの仮装をして

夜は、ハロウィーンパーティーがあり、それぞれ趣向をこらした仮装で、コスチュームコンテストまであり、盛り上がっていました。

病人搬送で逆戻り

今日で七〇日目、そしてカレンダーは一一月に入り、気温も少し涼しくなってきました。一路、太平洋を日本に向かって航行を始めたところなのですが、さっき緊急放送が入って、乗組員に一人重病人が出たので、メキシコに戻ることになったそうです。なんということでしょう……。おととい涙で別れたメキシコなのに……！

今度はエンセナーダという、アメリカとの国境に近い港に向かうそうです。そこに着くのが明日の夜だというのですから、どんなに頑張っても予定どおり十一月一六日に横浜までたどり着くのは無理なのではないかしら？

なにしろ、35歳の老朽船だから、スピード出したら分解しちゃいそうだし……。

どうせなら、もうちょっと太平洋の先で病気になってくれたらハワイに寄れたのに〜、とかいっている人もいますが……。これで病人の緊急搬送は三人目です。というわけで、詳しい今後の日程については、明日の夜の段階で発表するそうですが、せっかく帰国ムードになっていたのに、おかしなことになってきました。

夜中に寒くて目が覚めて、いままで毛布一枚で十分だったのに、あわててキルティングのベットスプレッドをかけました。緯度が高くなってきたのか、気温がかなり下がってきています。昨日まで夏服だったのに、今日はみんなフリースやジャケットを着たりしています。外に出るのにダウンを着ている人もいるほどです。

私も喉が痛くて、ちょっとカゼ気味。

船は進路を変えて一路、またメキシコ（カリフォルニアの国境近く）に戻っています。午後の八時半ですが、街の灯が見えてきました。患者搬送のためにヘリが来るのか、ボートが来るのかは知らされていませんが、搬送したらまたすぐに、進路を日本に向けることになっています。

乗客の中には、今度の判断に腹を立てて、文句をいっている人もいるようです。でも、人道的にはこうするより仕方なかったのでしょう（病人はパナマ人だそうで、やはり国に帰してあげるのが最善なのでしょうから）。

あとは、太平洋上で、病人やケガ人が出ないように祈るばかりです。

今日でピラティスが終わりで、〝before〟と〝after〟を比較するために、立姿勢の写真を撮って、ウエストを測りました。私はちっとも減っていないと思っていたら、ウエストが五センチ細くなっていました！（そういえば、前にきつかったGパンがふつうにはけるようになっています！）そして、ナント、リヒトさんは七センチ細くなりました。今までどうやっても減らせなかったのに、すごい効果です！ ベルトの穴を二つずらしています。

日本に帰ってからも続けなければ……と思うけれど、ま、二か月以上二人でやってきたので、思い出しながら続けられるでしょう。

今日は一一月三日、日本では「文化の日」です。

さて、この船は昨夜、やっとエンセナーダに着いて、無事、病人をメキシコに搬送して、また船は太平洋に戻りました。やれやれ、ご苦労様です。

急に寒くなって、二日前までは、暑くて日陰をさがしていたのに、今日はみんな日なたぼっこをしています。長袖のセーターを着ても、デッキにいると寒くなります。これからはずっとこの気候が続くのでしょうね……。真夏から急に秋になりました。

プログラムはもう水先案内人が一人しかいなくなったので、ほとんど自主企画が多いので、あまり出ていません。最後の日に「旅立ちの日に」という歌を歌うグループができたので、その練習に行きました。最近の学校の卒業式の歌だそうで、おじさん、おばさんたちは知りませんが、若い人はみんな知っている歌のようです。

いま、船内放送が入りました。今の予定では、横浜着岸が一六日の夜から一七日の朝になる予定だそうです。ただし、低気圧や海流の事情で、まだ確定しているわけではなく、正式にはあさって五日にもう一度、案内があるそうです。私たちは、帰国後すぐには何も予定がないけれど、すぐに仕事がある人は一日遅れてもたいへんでしょう……。

というわけで、まだわかりません。これ以上事件が起こらないことを願いつつ。船は遅れを取り戻すためか、全速力で航行しているみたいで、部屋がギシギシ音をたてています。もう老朽船なのだから、そんなに無理しなくていいのよ……といってあげたいです！

昨日の夜も時差があったので、日本との差は一八時間になりました。

プロジェクト発表会

今日の午前中はＧＥＴのプロジェクトの発表会がありました。プロジェクトは「演劇」「インタビュー」「世界の料理本」「ミュージックビデオ」「短編映画」「暗殺者」という六つのグループです。

「演劇グループ」は、桃太郎のお話の英語劇です。ときどきスペイン語も混じって、「オギャー」と桃から生まれた桃太郎がおじいさんだったりで、観客は大笑い。なかなかよくできていました。

「インタビューグループ」は、寄港地で現地の人と会話した内容をビデオで撮り、それを発表しました。

「世界の料理本」もそれぞれの国の料理のレシピと作り方を説明したものです。

「暗殺者」は、スリラーのビデオをつくったようですが、ちょっと意図がわからなくて、うやむやの出来。

「短編映画」はまあまあでしたが……。

やっぱり、なんといっても、私たちの「ミュージックビデオチーム」は光っていました！　と自画自賛。なにしろ作詞、作曲、演奏、振付、映像撮影、編集まで、すべてチームのメンバーだけでやり遂げたのですから……。

すっかり若者になったつもりで、一緒になって歌に合わせて、踊ったり、跳んだりしている自分の姿をみながら、〝まだまだ若いじゃん！〟と自分をほめてあげました。みなさんからたくさんのお褒めのおことばをいただいて、うれしかったです。

洋上ウェディング

午後は洋上ウェディングがありました！

GETの先生のマリとノアというアメリカ人の結婚式です。

このための企画チームができていて、いままで毎日のようにミーティングを開いて企画していただけあって、すばらしい出来でした。式は九階後方デッキ。ずっと快晴ばかりの旅でしたが、今朝は雨。どうなることかと心配していましたが、午後には曇りの合間に少し陽がさして、よかったです。純白のウェディングドレスのマリと、タキシードのノア。お互いにユーモアたっぷりの宣言をして、船長が証人になって、鈴なりの乗客に見守られながら、愉快な結婚式でした。

披露パーティーは室内で、これもたくさんの人たちが計画して、映像でいろいろな人のお祝いの言葉を流したり、ダンスをしたり、段ボールでできた大きなウェディ

洋上ウェディング

ングケーキにナイフを入れたり、お色直しに二人とも浴衣を着たり、と盛りだくさんでした。

若者たちの企画力に拍手。

アメリカの大統領選挙が終わったはずだけど、「どうだったの？」とアメリカ人のCCに聞いてみたら、「ああ、そうだったね、ぜんぜん忘れていた」というくらいですから、ピースボートではぜんぜん話題になっていません。あの四年前の「Yes, we can!」のオバマ旋風はどうなってしまったのでしょう？

ニュースといえば、私たちは短波ラジオも持ってこなかったし、インターネットでときどきニュースを読むくらいです。船内では、今週のニュースが壁新聞のように張り出され、三週間に一度くらいずつ、日本の新聞が積み込まれていましたが、日本にいたときほど一生懸命読む気にならないのは不思議です。

アートデー

今日は「アートデー」で、八階スペースは美術館と化して、アート一色に染まっています。

廊下の壁には写真コンテストの出品作がずらーっと並んでいます。人物と風景と二部門あって、どちらにも一点ずつ応募可能というので、私はそれぞれ一点ずつ出品してみましたが、見た人の投票で優勝が決まるので、ま、入賞は無理でしょう。参加することに意味があると思っての出品です。すでに「これぼくの作品、いいでしょう〜。投票してくださいね」なんて宣伝活動している人もいましたし……。

別の壁には絵画グループの人たちの作品が並べられているし、あちこちでワークショップも行なわれていて、にぎやかです。

世界平和交響曲プロジェクトと呼ばれる「世界のこどもたちが描いた未来」の展示会もありました。寄港地ごとに、孤児院や施設にいる子供たちと交流して、子供たちに未来を描いてもらったものです。

盲目の写真家の伊藤邦明さんご夫妻の紹介のプログラムがありました。

以前カメラマンだったのに、仕事中に事故にあって失明し、以来あきらめかけていたところにピースボートで「地球一周」することになって、仲間からも激励されて、奥さんの助けで、また写真を撮るようになったという、感動のストーリーでした。もうピースボートに乗客として一三回も乗っているという人です。奥さんがご主人の〝目〟となって、状況を言葉で説明して写真を撮り続けているのです。

夜はウクレレグループの演奏会があって、アロハとムウムウ姿のみなさんがハワイアンなどを奏で、最後に「しあわせなら手をたたこう」も演奏してくださいました。

一晩中すごい揺れで、何度か夜中に目を覚ましました。雨がかなり強く降っているようです。ときどき部屋がガタピシと音を立てるし……、ちょっと心配です。

船内放送で、いまの予定では横浜の入港は一日遅れの一七日早朝になるとのことです。詳しいことはまた発表になるでしょうけれど……。私たちは無事についてくれれば文句は言いません！　今日は一日中、船が大揺れで、エレベーターも止まっていました。

リヒトデー

ところで、昨日、ディレクターのヒダカさんから、リヒトさんに講義をしてくださいと頼まれたので、「いつですか？」と聞いたら、ナント、明日の朝ですって！　明日の朝は九時から「聖書と賛美歌に親しむ会」の最終回が入っていて、リヒトさんがお話しすることになっているので、と説明したら、午後の四時に変更してくれました。

というわけで、明日は「しあわせなら、いのちを考えよう」というタイトルでリヒトさんが「バイオエシックス」のお話しをすることになりました。これは自主企画ではなくて、ピースボートの企画です。水先案内人がみなさん下船してしまったので、その穴埋めでしょう……。

今夜はブロードウェイで「ダンス・ダンス・ダンス」のプログラムがありました。若い人中心の、ジャズ、ブレイクダンス、ベリーダンス、AKB、ヒップホップ、ストリートダンス、パラパラなど、私には違いもわからないけれど、どのチームも、ダンス、音楽、衣装、照明、演出など工夫をこらして競い合っていました。船に乗ってからダンスに目覚めて挑戦しはじめた人も多いはず。どれだけ練習を重ねたか知りませんが……。そういえば、暇さえあればロビーなどで練習していましたっけ。

揺れる船の中で、ぴったりと息のあった動きに、観客からは大歓声。その質の高さにびっくりしました。

やっと波もおだやかになって、揺れもおさまりました。

今日で最終会の「聖書と賛美歌に親しむ会」は、いままでの最高で二七人も集まりました。初めて聖書を読んで讃美歌を歌ったという人も多くて、リヒトさんが黙示録の「新しい天と新しい地を見た」という話をしました。

そして、午後は講演会「しあわせなら、いのちを考えよう」です。

ブロードウェイの会場は満席でした。太平洋に入ってからは水先案内人もいないし、レクチャーらしいものがなかったので、みなさん飢えていたのでしょう。

「いのちとは何か」「あなたは延命治療をのぞみますか?」「治療を受けるときに、インフォームド・コンセントをちゃんと受けていますか?」などなど、すべての人に関係をある話だったから、いつものレクチャーだと居眠りしている人がかなりいるのに、今日はみんな身を乗り出して聞いてくださいました。

「よりよく生きた人は、よりよい死を迎えることができます。わたしたちひとりひとりのいのちを充実させるには、毎日の出会いや会話を大切にし、未来に希望をもつことこそ大事です」と締めくくりました。

揺れる舞台の上で、マイクを握って、歩きながら前に出て、みんなに話しかけるように話したのでよかったのでしょう。終わったあと、たくさんの人が押しかけてくれました。大切な自分のいのちの問題だから、それぞれ感じることがあったのでしょう。
というわけで、今日は「リヒト・デー」の感がありました！

リヒトさんの話しに聴き入るひとたち
（写真提供：ピースボート）

夜は「オールスタッフ エンターテイメントショー」と称して、ピースボート事務局のスタッフ、CCさんたち、GETの先生たちなどが総出演のショーがありました。どこでこんなに練習したのかしらと思うくらい、ダンスやミュージカル、オーケストラのまね事まで、すごい芸達者ぞろいで、大笑い、大喝采の楽しい夕べでした。

ところで、今日は、日付変更線を通過したため、一一月八日が消滅しました。といっても、時差が一時間あったので、その一一月八日は一時間だけ存在したことになります。その二四時から二五時の一時間を、一日に見立てて、一時間に二四時間分を押し込もうというスペシャルプログラムがありました。

夜中の一二時に始まったこの企画は、朝のラジオ体操からあらゆる出来事を二四倍のスピードで行ない、最後は一一月八日のお誕生日の人をお祝いしました。一時間しかない誕生日でしたが、かえって思い出に残る忘れられない一日（一時間）になったことでしょう。

というわけで、今朝目が覚めたらもう九日になっていました！

日本との時差は三時間です。ということはハワイも通り過ぎたということですよね。

昨日のリヒトさんの話はインパクトがあったようで、いろいろな人に声をかけられています。部屋まで押しかけてくる人もいて……、うれしい悲鳴です！　みなさんが、バイオエシックス（生命倫理）に関心もってくださることは、うれしいことです。

グローバルスクール

ピースボートには、「グローバルスクール」と呼ばれる、洋上のフリースクールというのもあって、中学三年生からきっと三〇代と思われる人まで、八人ほどのクラスがあったことを最後の最後になって初めて知りました。

この「グローバルスクール」の受講生の多くは、対人関係に悩み、不登校やひきこもりなどの経験者が多いそうです。船内では、水先案内人の特別ゼミやコミュニケーショントレーニング、多様性について学び、世界と出会う体験をしてきました。

そして、今日はそのクラスの「ラストアクション」といって、自分の気持ちを言葉や方法で表現する発表会がありました。受講生たちは、勇気を出して発表会に臨んだのでした。受講生同士で対談をしたり、写真が得意な受講生はスライドショーをしました。

受講生の言葉のなかで、「いつも〈ふつう〉でいることを強要されていた自分だったけれど、旅を通じて、自分は自分でいいのだ、ということがわかった。まっすぐ生きていきたい」ということばが印象に残りました。

「自分が〈ハンディ〉だと思っていたことは、じつは〈個性〉だったということがわかりました」と、それぞれが一生懸命自分のことばで語る姿を見ながら、感動で涙が出てきました。

この「グローバルスクール」を企画したのが、ピースボートスタッフのブイさんです。彼女自身も元ひきこもりで、摂食障害、不眠、自傷行為など、すべてやって、20歳までには〝死のう〟と思っていたそうです。そんなある日、ピースボートの記事を見て、興味をもって、〝これで最後だから〟と思って19歳のときに乗船したのでした。船の中は一〇代から八〇代まで、自分のようなひきこもりもいれば、会社の社長もいる、多様な人が入り混じって、学校でもなく、会社でもない自由な場所――。年代、性別、職業を超え、毎日、自然に生きられる場所だということを発見して、徐々に自分を取り戻したのでした。

そして、ナント、運動会の応援団長に自ら立候補したのだそうです。みんなと協力して運動会をつくり上げた喜び。そして終わると、みんなに「楽しかった」「よくやった」と褒めてもらえて、その経験に背中を押されて、船を降りてすぐに19歳で、ピースボートのスタッフになったそうです。

そして、自分と同じ思いをしている人のために、自分の経験を生かした「アクション」を起こしたいと、この「グローバルスクール」を開校したのだそうです。すごいことです。ピースボートは本当に良いことをしていると改めて思いました。

スピーチフェスティバル

今日はＧＥＴ（語学教室）の生徒たちの「スピーチ・フェスティバル」がありました。

希望者だけでしたが、七二人も出場することになり、ひとり二分なのに、お昼をはさんで一〇時から三時までの長丁場でした。ほとんどが英語の生徒で、スペイン語は七、八人。私たちのクラスは五人全員出場しました。私はふだんの授業を全然まじめに勉強しなかったので、これで終わってはと悲しいと思い、最後に挑戦したわけです。

GETの生徒だけではなくて、ピースボートスタッフで中国語とフランス語に挑戦している人たちのスピーチも入ったので、にぎやかでした。

私はラスパルマスで訪れた〝憲法九条の広場〟についてのスピーチをしました。

Hola, me llamo Keiko Kimura.
En poco tiempo nuestra traversia por el mundo va a terminar.
Creo que todos se divierten con la vida de barco de la paz.
Que te impresiono mas?
Para mi, es una plaza pequena en Las Palmas su nombre "Hiroshima Nagasaki Plaza". Porque en la plaza esta un pequeno monument en memoria al articulo 9 de la constitucion de Japon.

Alli dice que,
El pueblo japones que aspira sinceramente a una paz internacional fundada en la justicia y el orden renuncio para siempre a la guerra como derecho soberano de la nacion y a la amenaza o el uso de la fuerza como medio de resolver conflictos internacionales.
Con objeto de dar cumplimiento a los designios del parrafo anterior, la nacion nunca dispondra de fuerzas armadas terrestres, maritimas o aereas, ni de mingun otro tipo de potencial belico. No se reconocera el derecho de beligerancia del Estados.

Me emocione cuando conoci que la gente en una ciudad muy lejos de Japon espera la paz como nosotros los Japoneses.
Espero que todos los paises tienen la constitution semejante a las de Japon.
Si es asi, los paises no van a comenzar la Guerra.
Yo deseo la paz del mundo.

Muchas gracias por su atencion.

【訳】

こんにちは。木村恵子と申します。

私たちの地球一周の旅も間もなく終わろうとしています。

みなさま、ピースボートの旅を楽しまれていることと思います。

みなさまにはどこが一番印象にのこっているでしょうか?

私は、ラスパルマスにあった小さな広場「ヒロシマ・ナガサキ プラザ」が印象に残っています。なぜならば、その広場には、日本国憲法の第九条が書かれた碑があったからです。

そこにはこう書いてありました。

「日本国民は、正義と秩序を基調とする国際平和を誠実に希求し、国権の発動たる戦争と、武力による威嚇または武力の行使は、国際紛争を解決する手段としては、永久にこれを放棄する。

前項の目的を達成するため、陸海空軍その他の戦力はこれを保持しない。国の交戦権は、これを認めない。」

これを見たとき、日本から遠く離れたこの街の人が、日本人と同じように平和を願っていることを知り、感動しました。

私は、世界のすべての国が、この日本と同じような憲法をもってくれたら、と願わずにはいられません。もし、そうなれば、どの国も戦争を始めることはないからです。

私は世界平和を希求します。ご清聴ありがとうございました。

たったこれだけなのに、憲法の条文があったので、語彙がむずかしくて舌がまわらず、たいへんでした。でもひとつのことをなし終えた達成感がありました。

登場したみなさん、話すだけでなく、手振り身振りも加えたりして、「伝えたい」「楽しませたい」という意気込みが感じられ、楽しかったです。というわけで、今日は一日スピーチ・フェスティバルで明け暮れました。

自主企画・発表会

今日はリヒトさんがめずらしく早く起きて、日の出の写真をiPadで撮ってました。日の出、日の入りを見るのもあと何日でしょう……。

船のプログラムは終盤に向かっています。

今日は自主企画の発表会がありました。たくさんあった自主企画の中で、発表したいグループが、それぞれ一〇分ずつの発表です。自主企画というのはピースボートならではの企画で、乗船者が自分の特技を教えたり、この問題をディスカッションしたいと思ったり、映画や音楽を紹介したりというときに、実施できるすてきなアイディアなのです。日時や集会場所を申請して、重なってしまった場合には話し合いで調整をして、プログラムを決めます。そして、決まればその日の「船内新聞」の裏面の日程表に掲載してもらえるのです。

私たちの「聖書と讃美歌に親しむ会」もそのひとつに入れてもらいました。

「笑いヨガ」「フラフープをしよう」「謡曲の会」「三〇代おしゃべりしよう！」「写真でビデオ日記をつくろう」「写経」「絵手紙」「『旅立ちの日に』大合唱練習」などなど、楽しい企画がたくさん生まれました。

今日の発表会は「詩の群読」「謡曲」「ルンバ、サンバのダンス」「社交ダンス」「ラフター（笑い）ヨガ」「初心者のバイオリンとチェロ」「お笑い漫談」「パントマイム」「ブレイクダンス」「八丈太鼓」「合唱」などなど、盛りだくさんでした。

この自主企画があったから、みんな退屈しないでこの船旅ができたのだと思います。ふつうの客船だったら、プロの演奏家などが乗り込んで、〝わたし聴く人〟〝あなた演奏する人〟というように分かれているのが普通ですが、このピースボートは、みんなが参加して、みんなでつくっていく、という手作りのプログラムばかりです。これがピースボートのスピリットなのでしょう。

そして、夕方にはＧＥＴの卒業式がありました。

ひとりひとりおめかしして、壇上に上って、修了証をもらいました。地球大学生も入れると一七〇人が受講したそうです。一クラス五～七人だから、みんな親しく勉強できて楽しかったけど、「何を学んだ？」と聞かれると、困りますが……。ま、スペイン語をすこしでも口にできる機会があったことで許すことにいたしましょう。

そして夜には卒業パーティー。先生たちが用意したゲームやクイズなど楽しんだあとは、英語とスペイン語のカラオケとダンス。

というわけで、今日も忙しく過ぎていきました。

未来を描く日

なんと今日で洋上生活八〇日目になりました！　あと五日です。

オーシャンドリーム号は、老体にムチ打って、太平洋を一路「横浜」に向けて航行しています。

今日はピューピューと、夜中からすごい風の音が聞こえ、雨もかなり降っていました。かなりの揺れで、またエレベーターも止まって、外のデッキへ出ることも禁止です。

旅も残りわずかになりました。

今日は朝から「The World We Want Day ——未来を描く日——」という、私たちが望むこれからの世界、「人と地球と自分に向き合う」というイベントが開かれました。船内各所でさまざまな企画が行なわれています。八階の広場は、まるで大学祭のように、壁という壁にポスターを貼って、それぞれのブースで担当者が熱心に説明しています。

「枯葉剤被害」「カンボジアの地雷」「アウシュビッツ」「イスラエル・パレスチナ問題」

未来を描く日

「コロンビア紛争」「在日コリアン」「ＬＧＢＴ」「引きこもり」「ベジタリアン」など、など――。若い人たちが中心になってやっているのがとてもいいです。

　そして、ブロードウェイやスターライトでは、「福島３・11」に関する創作劇、地球大学の学生が「コロンビアで見たこと」の発表、「世界と日本とわたし」「世界がもし一〇〇人の村だったら」、世界とのつながりを考えるワークショップ。「ピースボートでの経験を言葉にするには」では、これまでの旅をふり返り、となりの誰かに伝えるためのワークショップなどなど、盛りだくさんの企画です。

　そして、夜には静かにキャンドルナイトで光をみつめながら、自分に向かい合うときがもてました。

　今日のプログラムは、若者が中心になったプログラムで、一生懸命説明したり、つくったりしている彼らを見ていると、未来に光がともったようで、とてもうれしかったです。

昨日とくらべると揺れが少し減っていますが、それでも部屋はギシギシいっているし、部屋の中から海を見ていると、水平線がデッキの手すりを上下しているので、かなり揺れているのでしょう。

昨日、若い船医のご夫妻と一緒に食事をしたのですが、いまの揺れは、ほとんど初めの頃の台風の揺れと変わらないのに、船酔いで医務室に来る人はほとんどいないということです。経験とはすばらしいことです！　あの最初の台風で、みんな揺れに対する免疫ができたのでしょう……。

乗組員も主役に

夜は乗組員による「フィリピンとインドネシアの紹介」がありました。

キャビンの清掃や、バー、レストランでのサービス、船の運航などに関わっている人たちが、自分の国の衣装をつけ、ダンスなどを披露してくれたり、言葉を教えてくれたりしました。そして、また最後にタガログ語で「しあわせなら手をたたこう」を歌ってくれました。なんだか、もうこの船の「第二テーマソング」になったみたいです！

インドネシアの人たちは、素敵な衣装を身につけて、バリの舞踊を披露してくれました。

ふつうのクルーズシップで、下働きの人たちが、お客さんの前で脚光を浴びることなど考えられないのではないでしょうか？　ここがピースボートらしい企画です。

そのあとは八階のスペース、アゴラでCCのケイコとチアヤの「白熱教室」。「正義について熱く語り合いましょう」というもので、参加者も一緒になって、「正義」について、さまざまな問題を語り合い、時間が経つのも忘れてしまうほどでした。


海鳥が……


昨日も時差があって、ついに日本との時差が一時間になりました。

毎日どこを見ても大海原なのに、今日、海鳥が飛んでいるのをみました。いったい、どこから飛んでくるのかしら……。あんなに小さな羽でちゃんと自分の家に帰れるのかしら、と心配になりました。それだけ陸地が近いということなのかもしれません。なぜか、ノアの箱舟から放たれたハトが、オリーブの枝をくわえて戻ってきて陸が近いことを知らせた旧約聖書の話を思い出していました。

下船説明会やら、帰りの荷物用の段ボールの売り出しや、宅急便のタグの申し込みなどが始まり、船全体が帰り支度であわただしくなってきました。

今朝も朝日が昇るのを見ました。残るは三日。毎日見られるかな？　でも、そのあとはまた暴風雨になりました。北太平洋はいつもこんな感じのようです。

今夜は船長主催の最後のフォーマル・ディナーです。

でも、ピースボートのフォーマルって、いつもそうだけれど、なんだかあんまりフォーマルっぽくありません。男性はちゃんと背広にネクタイの人も多いけれど、ポロシャツにジャケットもいるし、上着もなくてアロハシャツの人もいるし、女性も、ダンスのコスチュームだったり、民族衣装の人もいるし、浴衣姿もいるし、という感じです。

お食事はロブスターのサラダ、フレンチオニオンスープ、牛タン、フィレのワイン煮込み、アップルパイ、アイスクリーム添え。久しぶりに（!?）豪華版でおいしかったです。食後にはクルー（乗組員）たちが列をなして「We are the World」を歌い、レストランの中を練り歩きました。みんな、拍手で感謝の気持ちを表しました。

そういえば、ピースボートのＨＰにリヒトさんのレクチャーの様子が画像入りでアップされたようです。日本でインターネットを見た友だちからメールが入りました（ちゃんとフォローしている人がいてびっくり！）。

今日も海は大シケ。朝は晴れたと思うと雨が降り、そのおかげで、きれいな虹がみられました。船は相変わらず大ゆれです。

下船説明会がありました。

やっぱりこのお天気で、船が速度を出せず、予定より一日遅れて、横浜着岸はあさって（二七日）のお昼頃になるということでした。下船は一〇階の人たちから始めてくれるので、乗船している人の中では一番早く降りられるのですが、それでも入管、通関があるので、かなり時間がかかりそうです。一番下の四階の人は三時間遅れになるので、きっと暗くなってからの下船になるのでしょう。通関は荷物も開いてチェックするそうで、飛行機のように迅速にはいかないみたいです。というわけで、家にたどりつけるのは夕方になるでしょう。

明日のお昼には、荷物を出さなければならないことがわかり、ちょっとあせって、これから荷づくりです。

ザ・ファイナル

夜はブロードウェイで「The FINAL」の催し物がありました。

これまで85日間のふり返りムービー、陰でピースボートを支えてくれていた船内チームの人たちへの感謝の卒業式。考えてみたら、毎日あたり前に読んでいた船内新聞も、裏面の一日のスケジュール表も、すべて乗船者のボランティアのみなさんの努力の結晶だったのです。

講演やプログラムがあるときに、マイクや照明、映像などを担当してくれたのも、ボランティアさんでした。ピースボートセンターで、いろいろな取次をしてくれた人たちも、みんなボランティアだったのです。その人たちに、みなさんで拍手して感謝の気持ちを伝えました。

こうしたボランティアのみなさんのおかげで人件費を省くことができるので、ピースボートはほかのクルーズとくらべてダントツに安くできるわけなのです。

そして最後は舞台の上で、いままで何回も練習してきた「旅立ちの日に」を一〇〇人くらいの混声合唱で歌いました。

ああ、本当にこれで終わるのだなと、ちょっと感傷的になってしまいました。

本来なら、今日が上陸日だったのですが、一日遅れになりました。

今日は一日「パッキングデー（荷造りの日）」で、何も企画はありません。

来るときに送った段ボールは、かなり傷んでいますが、それをまたガムテープでとめて、荷物を入れていきます。電子ピアノやフラフープ、絵の具や、読み終わった本などはピースボートに寄付することにしました。寄港地で極力おみやげを買わないことにしたので、荷物はそれほど増えていなくて、持ってきた数の段ボールにぴったり収まりました。九個の段ボール箱が部屋の中を占領していましたが、午後には、スタッフや、GETの先生たちも動員して、その荷物を回収しにきてくれました。

これも一〇階から始まるので、ラッキーでした。だんだん下におりていくので、四階の人は夕方になることでしょう。私たちは部屋の中で荷づくりができましたが、四人部屋の人たちは、いっせいに部屋に入ることができないので、時間を決めて、ひとりずつ部屋で荷づくりをしていると聞きました。それにしても、九〇〇人分のこの荷物をどう管理しているのか……、大変なことだと思います。

ところで、今日の船内新聞に「船内新聞世論調査」が掲載されていました。

「船旅で楽しかったことは？」というアンケート結果は、

1 寄港地
2 海を眺める
3 運動会
4 出航式
5 水先案内人講座
6 自主企画

となっていました。

「海をながめる」が二位に入っているのが意外でしたが、うーん、案外ロマンチストがたくさんいらしたのですね！


いよいよ最終日です。朝食をとっているとき、にわかにまわりがにぎやかになってきました。日本にケータイがつながったみたいで、みなさんうれしそうにケータイを耳に、大声で話しています。そういえば、この86日間、ケータイがあることすら忘れるような生活だったのに、これで、現実がグ――ンと近くなりました。

ギラギラと暑い真夏の太陽が照りつける八月末に横浜港を出港し、86日間で二万五〇〇

ただいま　横浜

○キロの地球一周を完走できたこと、これが私の今回のクルーズの目的だったので、大きな達成感を味わっています。

ダウンコートを着て、小雨まじりの肌寒いデッキに出て、みんなで別れを惜しみ、写真を撮りあったりしながら、レインボウブリッジをくぐりました。横浜港の方角をみると、なにか黄色い線が見えてきました。それが葉を黄色くそめたイチョウの街路樹だとわかったとき、印象派の絵画をみるような、深い感動を覚えました。

エピローグ

ふぅー、お疲れ様でした。

ご一緒に、地球一周のクルーズをしてくださってありがとうございました。かなりの強行軍だったので、お疲れになったのではないでしょうか？　私自身、読み返しながら、我ながらよくやったなーと、改めてこの貴重な体験を振り返っています。

なにしろ、船友（？）たちは、南は沖縄から北は北海道の網走まで、くまなく日本全国から集まり、国籍（GETの先生などスタッフの国籍を数えたら、三〇か国以上になるかもしれません）、年齢も、背景もまちまちの、初めて出会った九〇〇人の人たちと、86日の間、船上という限られたスペースで過ごすのですから、考え方によっては、かなりの冒険です。

私たちのクルーズでは、大きな事件もなく、みなさん和やかに過ごせたことは、ラッキーなことだったのかもしれません。

この記録は私個人の体験であって、同じ船に乗っていても、ほかの九〇〇人の方たちには、九〇〇〇通りの違った体験談があると思います。

寄港地では、それぞれに合ったオプショナルツアーが用意されています。世界遺産や大自然を見るための観光もすばらしいですし、現地の人たちとの交流も、ほかの船ではできない、ピースボートならではの企画だと思います。

私は科学的な人間でないので、毎日、西の海に沈んだ太陽が、また次の朝になると東の海から顔を出すのが不思議でなりませんでした。

ぐるりと三六〇度、見わたす限り海に囲まれて、何日も航海しているのに、その円盤の中心にいるような景色が全く変わらないというのも不思議な経験でした。

こんな風景を見たら、昔の人が、あの水平線の向こうは大きな滝になっていると想像したのもわかる気がするし、〝地球が丸いなんて嘘だ！〟と信じようとしなかった天動説の人たちの気持ちもよくわかる気がしました。

それでも地球は丸いのです！　私たちを乗せた船は、西へ西へと86日間かけて地球をまわり、たしかに同じ港に戻ってきたのです。

なんという感動でしょう……。

この感動を、あなたもいかがですか？

謝辞

第77回ピースボート「地球一周の船旅」に乗船のスタッフのみなさま、そして、86日間の旅を共有した〈船友〉のみなさま、たくさんの貴重な体験、楽しい思い出をありがとうございました。

そして、本書の出版を可能にしてくださった「人間と歴史社」の佐々木久夫社長、編集を担当くださった、鯨井教子さん、井口明子さんに心からお礼申し上げます。

また、ご多忙のなか、本書のために、すばらしい推薦のことばをお寄せくださいました日野原重明先生、どうもありがとうございました。言い尽くせないほど感謝しております。

最後に、今まで人生の旅を共に歩んできた〈リヒトさん〉、3人の子供たちとその家族にも心から感謝したいと思います。

二〇一五年　初夏

木村　恵子

■ 著者略歴

木村恵子（きむら　けいこ）

1945年東京に生まれる。恵泉女学園、早稲田大学第一文学部卒業。その後、タイ、ベトナム、スイス、アメリカに居住。異文化コミュニケーションに関心を持ち、エッセイストとして活動。1994～2000年までＮＨＫ「ラジオ深夜便」海外レポーターを務める。

主な著書に：「ちいさな地球人たち――こどもの異文化コミュニケーション」、「地球村の四季」、「地球村ねっとわーく」（以上、日本評論社）、「河井道の生涯――光に歩んだ人」（岩波書店）、「キーフさん――ある少年の戦争と平和の物語」（近代文藝社）、「アメリカの心と暮らし」（冨山房インターナショナル）、「Are the Japanese Really Inscrutable?」Minerva Press, London,UK、「エンディングノート――愛する人に遺す私のノート」（キリスト新聞社）など。訳書に「ホスピス」（家の光）、「天使の靴」（ポプラ社）などがある。

ひと味《あじ》ちがう

地球一周《ちきゅういっしゅう》の船旅《ふなたび》

平和《へいわ》の種《たね》をまきながら

2015年8月15日　初版第1刷発行

著者　木村恵子

発行者　佐々木久夫

発行所　株式会社 人間と歴史社

東京都千代田区神田小川町 2-6　〒 101-0052

電話　03-5282-7181（代）/ FAX　03-5282-7180

http://www.ningen-rekishi.co.jp

装丁　人間と歴史社制作室

印刷所　株式会社 シナノ

ISBN 978-4-89007-198-2　C0026